Trotzdem

Filosofia do cuidado

Trotzdem 11

Boris Groys
Filosofia do cuidado
Philosophy of care

© Boris Groys, 2022
© Editora Âyiné, 2023
Todos os direitos reservados

Tradução
Rogério Galindo

Edição
Júlia Bussius
Giulia Menegale

Preparação
Sofia Nestrovski

Revisão
Leandro Dorval Cardoso
Lívia Lima

Revisão técnica
Vinícius Nicastro Honesko

Projeto gráfico
Federico Barbon Studio

ISBN
978-65-5998-113-7

Âyiné

Direção editorial
Pedro Fonseca

Coordenação editorial
Luísa Rabello

Direção de arte
Daniella Domingues

Coordenação de comunicação
Clara Dias

Assistência de design
Laura Lao

Conselho editorial
Simone Cristoforetti
Zuane Fabbris
Lucas Mendes

Praça Carlos Chagas, 49. 2° andar.
Belo Horizonte 30170-140

+55 31 3291-4164
www.ayine.com.br
info@ayine.com.br

Âyiné

Filosofia do cuidado

Tradução
Rogério Galindo

Boris Groys

Sumário

9   Introdução:
Cuidado e autocuidado

---

23   Do cuidado ao autocuidado
30   Do autocuidado ao cuidado
39   Boa saúde
53   O Sábio como cuidador
63   O animal soberano
73   O sagrado infeccioso
77   O povo como cuidador
89   Quem é o povo?
95   O cuidado como Ser do *Dasein*
103   Sob o olhar da faxineira
115   Trabalho e labor
125   Cuidado revolucionário

---

135   **Índice**

Introdução: Cuidado e autocuidado

Nas sociedades contemporâneas, o meio de trabalho mais disseminado é o do cuidado. A proteção de vidas humanas é vista por nossa civilização como seu objetivo supremo. Foucault estava certo quando descreveu os Estados modernos como biopolíticos. Sua principal função é cuidar do bem-estar físico da população. Nesse sentido, a medicina assumiu o lugar da religião, e o hospital substituiu a Igreja. O corpo, e não a alma, é o objeto privilegiado do cuidado institucionalizado: «a saúde substituiu a salvação».[1] Médicos assumem o papel de padres porque supostamente conhecem nosso corpo melhor do que nós — assim como os padres alegam conhecer nossa alma melhor do que nós. No entanto, o cuidado com os corpos envolve muito mais que a medicina no sentido estrito da palavra. Instituições estatais cuidam não só de nosso corpo propriamente dito, mas também da moradia, da alimentação e de outros fatores relevantes para manter o corpo saudável — por exemplo, sistemas de transporte público e privado cuidam que os corpos dos passageiros sejam entregues em seus destinos sem danos, enquanto a indústria ecológica cuida do ambiente para torná-lo mais adequado à saúde humana.

A religião se importava não só com a vida da alma neste mundo, mas também com seu destino depois que ela deixa o corpo. O mesmo pode ser dito sobre as instituições contemporâneas e seculares de cuidado. Nossa cultura está o tempo todo produzindo extensões de nosso corpo material:

---
1 Michel Foucault, *The birth of the clinic*, Londres: Routledge, 1973, p. 198.

fotografias, documentos, vídeos, cópias de nossas cartas e e-mails e outros artefatos. E participamos desse processo ao produzir livros, peças de arte, filmes, sites e contas de Instagram. Todos esses objetos e documentos são mantidos por algum tempo depois de nossa morte. Isso significa que, no lugar de uma vida para a alma após a morte, nossas instituições de cuidado estão garantindo uma vida material para nosso corpo após a nossa morte. Cuidamos de cemitérios, museus, bibliotecas, arquivos históricos, monumentos públicos e lugares de relevância histórica. Preservamos nossa identidade cultural, a memória histórica e os espaços urbanos tradicionais e os modos de vida. Nossas extensões corporais podem ser chamadas de «corpos simbólicos». Eles são simbólicos não por serem de alguma maneira «imateriais», mas porque nos permitem inserir nosso corpo físico no sistema de cuidado. Do mesmo modo, a Igreja não pode cuidar de uma alma individual antes que seu corpo seja batizado e nomeado.

De fato, a proteção dos corpos vivos é mediada pelos corpos simbólicos. Assim, quando vamos a um médico, temos que apresentar um passaporte ou outro documento de identidade. Os papeis descrevem nosso corpo e sua história: homem ou mulher, data e local de nascimento, cor do cabelo e dos olhos, fotografias biométricas. Além disso, temos que indicar um endereço postal, número de telefone e endereço de e-mail. Temos também que apresentar nosso cartão do plano de saúde ou realizar o pagamento por uma consulta particular, o que pressupõe sermos capazes de provar que temos uma conta bancária, uma profissão e um local de trabalho, ou uma aposentadoria ou outro tipo relevante de programa de benefício social. Não é coincidência que, quando vamos consultar um médico, começamos atendendo ao pedido de preencher uma grande quantidade de documentos, incluindo um histórico de doenças prévias, um termo consentindo a eventual exposição de nossos dados privados, e outros mais, nos quais abrimos mão de direitos sobre as consequências do tratamento. O médico examina toda essa documentação antes de examinar nosso corpo. Em muitos casos, os médicos nem examinam nosso corpo — o exame da documentação parece ser o suficiente. Isso demonstra que o cuidado com o corpo físico e sua saúde está integrado a um sistema muito maior de vigilância e cuidado que controla os corpos simbólicos. E é possível suspeitar que esse sistema esteja menos interessado em nossa saúde individual e sobrevivência do que em seu próprio funcionamento desimpedido. De fato, a morte de um indivíduo não provoca grandes mudanças em seu corpo simbólico — leva apenas à emissão de uma certidão de óbito e de alguns papeis adicionais relacionados aos procedimentos de um funeral, à localização da lápide, ao tipo de caixão ou urna e a outros arranjos parecidos. São apenas pequenas mudanças em nossos corpos simbólicos, que os transformam em cadáveres simbólicos.

Parece que o sistema de cuidado nos objetifica como pacientes, transforma-nos em cadáveres vivos e nos trata como animais doentes, e não como seres humanos autônomos. No entanto, feliz ou infelizmente, essa impressão não poderia estar mais distante da verdade. Por certo, o sistema médico não objetifica, mas na realidade nos subjetiva. Em primeiro lugar, esse sistema começa a cuidar de um corpo individual apenas se o paciente apela a ele por se sentir mal, doente ou indisposto. De fato, a primeira pergunta ouvida quando se vai ao médico é: «Como posso te ajudar?». Em outras palavras, a medicina se entende como um serviço e trata o paciente como um cliente. Os pacientes devem decidir não apenas se estão doentes ou não, mas também quais partes de seus corpos estão doentes, porque a medicina é altamente especializada e é o paciente que precisa tomar a primeira decisão quanto ao tipo de médico e a instituição médica apropriada. Os pacientes são os cuidadores primários de seus corpos. O sistema médico de cuidado é secundário. O autocuidado precede o cuidado.

Procuramos salvação por meio da medicina apenas quando nos sentimos doentes — mas não quando nos sentimos bem. No entanto, se não temos nenhum conhecimento médico especial, temos apenas um entendimento vago de como nosso corpo funciona. De fato, não temos nenhuma capacidade «inata», através da autocontemplação «interna», para estabelecer a diferença entre estar saudável ou doente. Podemos nos sentir mal, mas estarmos, na realidade, bastante saudáveis, e podemos nos sentir bem e estarmos, contudo, tomados por uma doença terminal. O conhecimento sobre nossos corpos vem de fora. Nossas doenças vêm de fora — são geneticamente predeterminadas ou resultam de infecções, comida ruim ou do clima. Todos os conselhos sobre como melhorar o funcionamento de nosso corpo e torná-lo mais saudável também vêm de fora — seja através do esporte ou de todos os tipos imagináveis de terapias alternativas e dietas. Em outras palavras, cuidar de nosso próprio corpo físico significa, para nós, cuidar de algo sobre o qual não sabemos quase nada.

Como tudo em nosso mundo, o sistema médico não é realmente um sistema, mas um campo competitivo.

Quando alguém se informa a respeito de um tratamento médico que é bom para a própria saúde, logo descobre que as autoridades médicas se opõem em todas as questões importantes. As recomendações médicas que se recebe são bastante contraditórias. Ao mesmo tempo, todas essas recomendações parecem muito profissionais, e então é difícil escolher um tipo de tratamento sem ter qualquer conhecimento médico especial ou profissional. A seriedade da escolha é destacada, no entanto, pela obrigação do paciente de assinar termos de responsabilidade para um tratamento em particular — levando em consideração e aceitando todas as possíveis consequências negativas do tratamento, incluindo a morte. Isso significa que, apesar de a medicina se apresentar como uma ciência, a escolha de um tratamento médico em particular pelo paciente pressupõe um salto irracional de fé. É irracional porque a base do conhecimento médico se dá pela investigação de cadáveres. Não é possível investigar de verdade a estrutura interna e o funcionamento do corpo vivo. O corpo precisa morrer para ser conhecido de verdade. Ou pelo menos deve estar anestesiado. Portanto, não posso conhecer meu corpo porque não posso me investigar como um cadáver. E não posso simultaneamente me anestesiar e me operar. E nem posso ver as condições internas de meu corpo sem usar exames de raio-x ou tomografias computadorizadas. O conhecimento do médico transcende o meu conhecimento de mim mesmo. E minha relação com o transcendente só pode ser uma de fé — não de conhecimento.

As propostas relativas ao estado do corpo não vêm apenas das faculdades de medicina, mas também de várias práticas de cura alternativas, incluindo esportes, serviços de bem-estar e *fitness*, ioga e tai chi, assim como diferentes tipos de dieta. Todos exigem de nós alguma fé. A esse respeito, é interessante assistir às propagandas para remédios controlados na televisão americana. Estas propagandas são de fato muito misteriosas. Vemos casais felizes, não raro com crianças, comendo juntos e rindo, jogando tênis ou golfe. De tempos em tempos, aparece uma palavra estranha que é provavelmente o nome do suposto remédio que está sendo divulgado. Mas o que não está claro é que tipo de doenças são curadas por esse remédio e como ele deveria ser usado. O anúncio inteiro parece improvável porque é óbvio que todas as pessoas mostradas no vídeo estão bem de saúde. Parece que a única coisa que pode deixá-las doentes é o próprio remédio que está sendo divulgado. Mesmo que não esteja claro para que serve este remédio, no fim vê-se uma curta lista de efeitos colaterais. Em geral, a lista vai de tontura e vômito até cegueira e, às vezes, morte. Depois de alguns instantes, a lista desaparece e a família feliz aparece de novo. O espectador fica aliviado que esta família tenha se mantido saudável e feliz — provavelmente porque decidiu não tomar o remédio, no fim das contas.

Estamos acostumados a relacionar conhecimento com poder. Pensamos que o sujeito do conhecimento é um sujeito forte, poderoso — um sujeito potencialmente universal, imperial. Mas, como um cuidador de meu corpo físico e simbólico, não sou um sujeito do conhecimento. Como destacado acima, não tenho conhecimento sobre meu corpo físico. Mas também não tenho conhecimento total sobre meu corpo simbólico. Na origem de meu corpo simbólico — de minha identidade —, está a certidão de nascimento que me informa meu nome, os de meus pais, a data e o local de meu nascimento, minha cidadania e outros detalhes. É o documento básico que gera todos os outros documentos subsequentes, como meu passaporte, os diferentes comprovantes de endereço e certificados educacionais. Todos esses documentos, juntos, definem meu status e lugar na sociedade — refletem a maneira como a sociedade me vê e me percebe. E definem a maneira como serei lembrado depois de minha morte. Ao mesmo tempo, não experienciei minha concepção por meus pais, o evento de meu nascimento, o instante e lugar de meu nascimento e o ato de receber minha cidadania. Minha identidade é um trabalho dos outros.

Claro, posso tentar mudar meu corpo simbólico de diferentes maneiras — o que vai desde mudar meu gênero até escrever livros para explicar que sou, na verdade, muito diferente do que pareço para os outros. No entanto, para mudar de gênero, é preciso procurar cirurgiões, e, para publicar livros, é preciso apresentá-los a editores e pedir sua opinião. Ou é preciso colocar estes livros na internet e pedir a opinião dos usuários. Em outras palavras, ninguém consegue ter controle total sobre as mudanças em seu próprio corpo simbólico. Além disso, corpos simbólicos passam por um processo permanente de reavaliação. O que era simbolicamente valioso ontem pode se desvalorizar hoje e se valorizar amanhã. No papel de cuidador, ninguém pode controlar ou mesmo influenciar esses processos. Além disso, em nossa civilização atual, o tempo todo somos estudados e registrados sem nosso conhecimento nem consentimento. O corpo simbólico é um arquivo de documentos, imagens, vídeos, gravações de sons, livros e outros dados. Os resultados da vigilância são parte desse arquivo — mesmo que os resultados não sejam conhecidos pelo vigiado. Este arquivo é material — e existe mesmo sem ninguém, incluindo o vigiado, ter acesso a ele ou mesmo que ninguém esteja interessado nele. A este respeito, é muito revelador assistir ao que acontece quando alguém comete um crime — sobretudo um crime de motivação política. De repente, alguém encontra imagens dos suspeitos comprando comida num mercado ou sacando dinheiro num caixa eletrônico, além de manifestos escritos ou uma coleção de armas. Esse exemplo mostra que o surgimento e o crescimento do corpo simbólico são processos relativamente alheios à atenção social e acontecem sobretudo longe do controle do cuidador principal do corpo simbólico. Depois da morte do cuidador principal, a máquina do cuidado não para. E essa máquina demonstra que os esforços do cuidador principal para dar forma ao corpo simbólico tiveram um sucesso apenas limitado. A inscrição na lápide reproduz, na maior parte das vezes, a certidão de nascimento, com o acréscimo da data de morte e apenas informações superficiais sobre as maneiras como o cuidador tentou tornar-se o que ele não era — escritor, pintor, revolucionário. As reavaliações dos corpos simbólicos continuam depois da morte de seus cuidadores: monumentos são levantados, destruídos e reerguidos, livros são publicados, queimados e então republicados, novos documentos surgem, outros são perdidos. O cuidado continua — mas, de uma maneira estranha, a responsabilidade pelas mudanças póstumas nas reavaliações do corpo simbólico do indivíduo continua atribuída a seu cuidador primário. E, de fato, o cuidado pelo corpo simbólico pressupõe a antecipação de seu destino depois da morte do corpo físico — assim como o cuidado com o corpo físico pressupõe a expectativa de uma morte inevitável.

É a essa combinação dos corpos físico e simbólico que damos o nome de Eu. Como cuidador do Eu, o sujeito se coloca em uma posição externa a ele. O sujeito não é central, mas também não é descentrado. É, como Helmuth Plessner diz com razão, «excêntrico»,[2] sei que sou o sujeito do autocuidado porque aprendi com outros — assim como aprendi meu nome, minha nacionalidade e outros detalhes pessoais. No entanto, ser um sujeito do autocuidado não significa ter o direito de decidir sobre a prática do cuidado. Como paciente, sou obrigado a seguir todas as instruções dos médicos e a suportar passivamente todos os procedimentos dolorosos aos quais sou sujeitado. Nesse caso, praticar o autocuidado significa transformar-se em objeto do cuidado. E o trabalho de auto-objetificação exige grande força de vontade, disciplina e determinação. Se eu falhar em dar conta de todas minhas obrigações como paciente, isso será interpretado como falta de vontade, uma fraqueza.

Por outro lado, a decisão de uma pessoa saudável de ignorar todos os conselhos razoáveis e assumir o risco de morte é admirada por nossa sociedade. Supõe-se que os doentes devam escolher a vida, mas os saudáveis são acolhidos ao escolher a morte. Numa guerra, isso fica óbvio. Mas também admiramos o esforço intenso de trabalho que pode prejudicar a saúde do trabalhador. E admiramos os praticantes de esportes extremos e de aventuras que podem levar à morte. Em outras palavras, aquilo que é favorável ao corpo simbólico pode arruinar o corpo físico. Aprimorar

---

2 Helmuth Plessner, *Levels of organic life and the human*, Nova York: Fordham University Press, 2019, pp. 267ss.

o status social de nossos corpos simbólicos muitas vezes significa um investimento de nossa energia vital em algo que potencialmente arruína nossa saúde ou mesmo envolve o risco de morte.

Dessa forma, o sujeito excêntrico do autocuidado tem que cuidar da distribuição do cuidado entre os corpos físico e simbólico. Por exemplo, o critério de saúde apropriado para um atleta profissional não pode ser aplicado a alguém que não esteja envolvido com um esporte profissional. O mesmo pode ser dito sobre outras profissões que dependem do trabalho físico ou manual. Mas as chamadas profissões intelectuais são também dependentes da saúde de seus praticantes — nem todo mundo é capaz de ficar sentado por muitas horas em um escritório, nem todo mundo pode ficar concentrado num certo problema por um longo período. Nesse sentido, nunca sabemos o que é bom de verdade para nossa saúde: escolher um tratamento que se adeque a nossas necessidades ditadas pelo nosso status simbólico ou mudar de status, escolher mudar de profissão, de país, de identidade, de família ou escolher não ter família. Todas essas escolhas se relacionam — e todas podem ser úteis ou prejudiciais a nossa saúde.

Claro, a solução para o problema é vista muitas vezes na busca pelo «verdadeiro Eu», supostamente situado além de nosso corpo físico e simbólico. No entanto, aqui de novo somos confrontados com recomendações e métodos diferentes e muitas vezes contraditórios — da dúvida cartesiana à meditação transcendental. O sujeito do autocuidado é constituído no modo como somos tratados pela sociedade, incluindo as instituições de cuidado. O sujeito cuida de seus corpos físico e simbólico porque isso é exigido dele.

A obrigatoriedade de estar saudável é a exigência básica e universal direcionada ao sujeito contemporâneo. Claro, corpos humanos têm características diferentes dependendo de sexo, origem étnica e outros fatores. Mas a exigência de permanecer saudável se aplica a todos esses corpos na mesma medida. Apenas se um corpo permanecer saudável seu sujeito pode contribuir com o bem-estar da sociedade — ou com a mudança da sociedade. O investimento em saúde é o investimento básico que se faz para ser capaz de participar na vida social. É por isso que a sociedade tende a rejeitar todas as formas de decadência, passividade, o cultivo da doença e a recusa a realizar o trabalho rotineiro de autocuidado.

Na realidade, o trabalho do cuidado, incluindo o autocuidado, é sempre um trabalho pesado e nós sempre ficamos felizes em evitá-lo. É basicamente um trabalho de Sísifo. Todo mundo sabe disso. Todos os dias, a comida é preparada e consumida, e então é preciso começar a preparar a comida de novo. Todo dia, a sala é limpa — e no dia seguinte deve ser limpa de novo. Toda manhã e noite, é preciso escovar os dentes — e no dia seguinte, repetir o mesmo ritual. Todo dia, o Estado precisa se proteger de seus inimigos — e no dia seguinte a situação é a mesma. Um piloto consegue deixar os passageiros com sucesso em seu destino — e então precisa voar de volta. E, sim, todos os pacientes que são atendidos pelo sistema médico inevitavelmente morrem em algum momento, e então o sistema começa a atender o próximo paciente, e então se chega ao mesmo resultado. O trabalho do cuidado e do autocuidado é improdutivo, permanece sempre incompleto e, portanto, só pode ser muito frustrante. No entanto, é o trabalho mais básico e necessário. Tudo depende dele. Nosso sistema social, econômico e político trata a população como uma fonte de energia renovável, como a energia do sol ou do vento. No entanto, a geração dessa energia não é garantida «naturalmente», mas através da prontidão de cada indivíduo da população em praticar o autocuidado e investir na própria saúde. Se a população começar a negligenciar esse cuidado, todo o sistema irá colapsar. O sujeito excêntrico do autocuidado assume uma metaposição em relação ao sistema social e, ao fazê-lo, descobre o poder desse sistema. Ao desinvestir sua energia e saúde, o indivíduo reduz o nível de energia da sociedade como um todo. E essa metaposição é uma posição universal: a excentricidade de um sujeito individual do autocuidado o torna universal porque todos os sujeitos do cuidado de todos os Eus se encontram na mesma posição.

O objetivo do cuidado médico é visto com frequência como o conserto de nosso corpo — torná-lo capaz de trabalhar e, dessa forma, garantir o funcionamento tranquilo da sociedade. Mas nosso sistema contemporâneo de cuidado também trata corpos que nunca voltarão a ser economicamente funcionais e que talvez nunca tenham sido. Nesse caso, o sujeito não é mais o dono de seu corpo, aquele que é livre para usar esse corpo como propriedade e ferramenta. O corpo se torna totalmente socializado, burocratizado e politizado. Todas suas funções mais privadas, íntimas, incluindo as funções reprodutivas, tornam-se assunto de interesse público e discussão política. É o fim da privacidade como há muito tempo a entendemos. Mas o sujeito do autocuidado é também apenas um participante do processo de decisões políticas e administrativas a respeito de seu próprio corpo. O corpo público, simbólico, mediado, começa a coincidir com o corpo físico, privado, íntimo. É possível ver essa equação do público e íntimo na mídia social contemporânea e, em geral, na internet. A internet funciona como meio de satisfação de nossas necessidades e desejos mais rotineiros e íntimos e, ao mesmo tempo, como meio de inscrição de ambos na memória digital — tornando-os potencialmente acessíveis ao público. Essa perda de privacidade provoca clamores por sua restauração. No entanto, uma volta à privacidade — isto é, a volta à propriedade privada do corpo — seria terrível para o sistema de cuidado.

A participação ativa do sujeito do autocuidado nas discussões médicas, políticas e administrativas a respeito do próprio corpo pressupõe a capacidade de julgar o conhecimento sobre esse cuidado, incluindo o conhecimento médico, desde uma posição de desconhecimento. Diferentes escolas científicas competem por reconhecimento, influência, fama e poder. Todas alegam cuidar do indivíduo a partir de uma posição de conhecimento. O sujeito individual tem que decidir entre elas sem ter o conhecimento necessário para fazer essa escolha. Assim, sente-se fraco e desorientado. Mas esta fraqueza é, ao mesmo tempo, uma força, porque todo tipo de conhecimento se torna poderoso apenas quando aceito e praticado. A tradição filosófica pode ser entendida como a tradição de refletir a respeito dessa ambivalência entre a fraqueza e a força. Os diferentes ensinamentos filosóficos sugerem diferentes tipos de relação entre o cuidado e o autocuidado — entre a dependência e a autonomia. Façamos um breve levantamento desses ensinamentos para melhor compreender a genealogia do estado contemporâneo dessa relação.

Do cuidado ao autocuidado

A situação paradoxal de julgar o conhecimento a partir de uma posição de desconhecimento é descrita pela primeira vez nos diálogos de Platão. Sócrates era um ouvinte atento e interessado dos discursos sofistas que lhe ofereciam diferentes respostas para as questões: «O que é a verdade?» e «Qual a forma correta de viver?». Dessa forma, Sócrates se vê numa metaposição de escolha entre esses discursos. Ora, poderíamos esperar que Sócrates tentasse superar seu estado inicial de desconhecimento, que tentasse aprender, tornar-se conhecedor. Em geral, é isso que se espera de alguém ignorante: que ele ou ela aprendam. No entanto, Sócrates frustra essas expectativas: ao invés de seguir na direção do acúmulo, ele dá um passo para trás e rejeita o conhecimento que já detém. Sócrates não apenas desconfia de qualquer ensinamento promovido pelos sofistas, mas também da tradição grega da mitologia, da poesia e da tragédia que predispõem os ouvintes a achar os discursos sofistas persuasivos. Em outras palavras, Sócrates se afasta de toda a identidade cultural grega e assume uma posição excêntrica em relação a ela. O movimento da filosofia não é um movimento de avanço, não é um progresso no caminho da educação e do conhecimento, mas um movimento de retorno, uma regressão em direção a um estado de desconhecimento. Sócrates não aprende e não ensina. Ele não quer adquirir conhecimento, nem propagá-lo.

É notório o fato de Sócrates ter se comparado a uma parteira que ajuda outra mulher a parir uma criança. Da mesma maneira, ele alegava ajudar a verdade a nascer na alma de outra pessoa se a pessoa estivesse grávida da verdade. É uma metáfora médica óbvia — o cuidado da verdade aqui é compreendido como análogo ao cuidado com o corpo humano. Estar grávida da verdade e dar a luz a ela é uma experiência dolorosa: «Atrozes são as dores que minha arte é capaz de despertar e aliviar naqueles que se associam a mim, assim como as dores da mulher no parto; noite e dia eles são tomados pela perplexidade e o trabalho é ainda pior que o das mulheres».[1] Quando a verdade nasce, o paciente de Sócrates sente-se aliviado. No entanto, essa verdade pode ser rejeitada por Sócrates como falsa: «E se eu subtrair e expuser seu primogênito, por descobrir, ao examiná-lo, que o que você concebeu é uma sombra vã, não discuta comigo, como costumam fazer as mulheres quando seus primeiros filhos são tirados delas. Pois eu de fato conheci pessoas que estavam dispostas a me morder quando eu as privei de uma insensatez que lhes era cara».[2]

Aqui o desejo pela verdade é colocado num nível quase fisiológico. Os pacientes sofrem porque desejam a verdade. Então vão aos sofistas, aos professores, porque esperam receber deles a verdade. Sócrates, porém, acredita que esse diagnóstico está errado: na realidade, os pacientes já estão grávidos da verdade, mas não conseguem pari-la. A verdade não está além, mas, pelo contrário, está em nós — uma linha de raciocínio que se tornou familiar. A pergunta, no entanto, é esta: a pressão interna original para receber ou parir a verdade surge nos indivíduos independentemente da sociedade na qual vivem? Todo o contexto dos diálogos de Platão sugere não ser esse o caso. O desejo

---

[1] Platão, *Theaetetus*, trad. Benjamin Jowett, 1871, Global Grey ebooks, 2018, p. 13.
[2] Ibid.

pela verdade é imposto aos indivíduos pela sociedade na qual vivem. O indivíduo é atacado de todos os lados por diferentes discursos sofistas e é obrigado a se colocar no campo do conhecimento — como um seguidor deste ou daquele famoso professor. O método socrático é sedutor porque permite que os pacientes evitem esse posicionamento ao alegar que já possuem a verdade — ainda que ela permaneça escondida.

De fato, mesmo hoje, se alguém rejeita certos ensinamentos filosóficos e projetos sociais, costuma ser questionado: e quais são suas próprias convicções e projetos? Sócrates nos ensinou a evitar esta armadilha retórica. Ninguém deveria dizer: rejeito suas opiniões. Só deveria perguntar: você pode explicar suas opiniões e argumentos com mais detalhes? E talvez você veja que há algumas contradições em seu argumento. Esta estratégia defensiva faz com que todo discurso persuasivo entre em colapso internamente e, ao mesmo tempo, evita a necessidade de formular um contra-argumento. Claro, esse tipo de defesa é irritante porque a sociedade quer que seus membros formulem explicitamente suas posições, pelo menos em relação aos principais problemas da vida pública. Dizer: «Não tenho opinião nenhuma» parece um insulto. E Sócrates, como sabemos, foi condenado à morte por causa desse insulto. A decisão da corte tinha certa lógica: um homem que não tem opiniões políticas e éticas já está socialmente morto. O que é ignorado aqui é o seguinte: Sócrates — pelo menos na interpretação de Platão — acreditava que, na sociedade ideal, ninguém precisaria de nenhuma opinião individual. Uma opinião individual é sempre uma expressão de interesses pessoais. Estes são, em primeiro lugar, interesses econômicos e/ou de lealdade familiar.

Mas, num Estado ideal, como descrito na *Politeia*, de Platão (*A República*), ninguém tem propriedade privada ou lealdade familiar. É um Estado em nível zero. Tal Estado é eterno porque, historicamente, os relacionamentos de propriedade mudam, e as estruturas familiares também mudam — mas sua ausência não pode mudar.

Este Estado deveria ser comandado por filósofos que veem a verdade, o bom, o certo e o belo como tais e são capazes de comparar estas imagens verdadeiras com a realidade que os cerca. A filosofia não assume aqui a forma de um ensinamento, de um discurso. A contemplação do Bem eterno acontece em silêncio. Em sua famosa parábola da caverna em *Politeia*, o Sócrates de Platão insiste que é preciso ser colocado sob a pressão externa para ser levado à contemplação da verdade. O espaço social é comparado a uma caverna. Originalmente, alguém está sentado com o rosto voltado para a parede, vendo as sombras das coisas que estão sendo carregadas em diferentes direções na entrada da caverna. O impulso de descobrir a origem dessas sombras deve vir de fora, é preciso que esse alguém seja forçado a mudar a posição do corpo: «Primeiro, quando qualquer um deles é libertado e compelido a, de repente, se levantar e virar o pescoço, andar e olhar na direção da luz, sofrerá dores intensas; o brilho irá incomodá-lo e ele será incapaz de ver as realidades que em seu estado anterior só havia visto como sombras».[3] O evento da comprovação não se dá instantaneamente, mas como resultado da aplicação adicional da violência: «E suponha outra vez que ele é arrastado com relutância por uma subida íngreme e acidentada, e segurado com firmeza até ser forçado à presença do sol, não é provável que fique

---

3   Plato, *The Republic*, trad. Benjamin Jowett, Nova York: Vintage, 1991, p. 254.

incomodado e irritado? Quando se aproximar da luz, seus olhos ficarão ofuscados e ele não poderá ver nada do que hoje chamamos de realidades».[4] Aqui é importante ver que essa violência é aplicada no corpo inteiro do paciente/aluno porque ele não pode voltar os olhos para a verdade sem virar o corpo inteiro. Toda a cena da conversão ao modo filosófico de existência é uma história aterrorizante — um verdadeiro horror.

De fato, a alma individual é levada à visão da luz eterna não por persuasão ou por sua própria decisão arbitrária, mas como efeito da mudança de posição de seu corpo, produzida pela aplicação direta da violência física. Para falar em termos marxistas, o sujeito vê a luz não como resultado do despertar espiritual no nível da superestrutura, mas devido à mudança da posição de seu corpo no nível da base material. Não surpreende que Badiou enfatize a violência desse ato de metanoia materialista em sua «tradução» da *República* de Platão:

> Seus olhos doem terrivelmente, ele quer fugir, quer voltar ao que consegue suportar ver, aquelas sombras cuja existência considera muito mais reais que os objetos que estão lhe mostrando. Mas, de repente, um bando de homens durões a nosso serviço o agarra e o arrasta rudemente pelos corredores do cinema. Fazem-no passar por uma portinha lateral que até então estava escondida. Eles o jogam em um túnel imundo através do qual se emerge ao ar livre, em uma montanha ensolarada na primavera. Deslumbrado pela luz, ele cobre os olhos com a mão trêmula; nossos agentes o empurram ladeira acima, por muito tempo, cada vez mais alto! Ainda mais alto! Por fim

---
4 Ibid, p. 254.

chegam ao topo, em pleno sol, e ali o soltam, descem correndo a montanha e desapareçam.[5]

Mas esse exercício doloroso faz do filósofo um membro melhor da sociedade? De forma alguma. Quando o filósofo — cegado pela luz da verdade — volta para a caverna, «os homens diriam que ele, depois de subir, desceu sem os olhos e que é melhor nem pensar em subir, e que se qualquer um tentar se soltar e ir até a luz, o certo será pegar o infrator e matá-lo».[6]

No entanto, a perspectiva da morte não assusta o filósofo. À luz eterna da verdade, ele descobre que sua alma é eterna. A contemplação da ideia eterna do Bem garante aos filósofos sua posição excêntrica em relação ao próprio corpo e ao corpo social como um todo. Portanto, eles podem se transformar, passando de objetos de cuidado a sujeitos de cuidado e autocuidado. Platão não diz explicitamente quem arrasta um dos homens das cavernas para fora — assim como não identifica os trabalhadores movendo objetos de um lado para o outro na entrada da caverna. De qualquer forma, fica claro que o próprio sujeito é fraco demais para desenvolver uma iniciativa quando se trata da verdade. Ele pode chegar à verdade — mas apenas sob orientação e controle externos. Mas por que é tão fraco? Platão diria: porque está preso dentro do próprio corpo. A prisão deixa a alma preocupada demais com desejos corpóreos e interesses mundanos. E isso a torna fraca. O cuidado filosófico com a verdade pressupõe a remoção dos desejos corporais, cálculos pragmáticos e obrigações pessoais. A verdade se mostra quando tudo o que

---

[5] Alain Badiou, *Plato's Republic: a dialogue in sixteen chapters*, trad. Susan Spitzer, Cambridge: Polity Press, 2012, p. 24.
[6] Ibid., p. 255.

Filosofia do cuidado　　28

é relacionado ao corpo e seu status social é removido e a alma se torna capaz de contemplar a si mesma. É por isso que a filosofia é a preparação para a morte — por abandonar a caverna da existência terrena, corpórea. E a preparação para a morte é uma atividade solitária e silenciosa — é a atividade da contemplação.

O filósofo platônico evita a luta e a competição. Os sofistas competem por fama e dinheiro, mas o filósofo já está cansado dessa competição e apenas observa. O filósofo está pronto para fazer alguns comentários irônicos sobre o espetáculo da competição, só isso. A luz da verdade não pode ser articulada e apresentada na forma de ensinamento. No entanto, Sócrates não permaneceu em silêncio. Não tentou escapar do espaço público e da visão pública. Não foi viver na floresta ou no deserto. Ao contrário, permaneceu ativo na vida social de Atenas. Continuou a participar das reuniões públicas e das disputas dos sofistas. Mas, tendo chegado ao ponto de não ter opiniões, Sócrates era confrontado com a tarefa de desenvolver um discurso nulo. Um discurso sem conteúdo. Qual objetivo pode ter um discurso nulo além de informar, influenciar ou persuadir? O objetivo era não persuadir, mas dissuadir. Para o Sócrates de Platão, a comprovação da verdade é um efeito da eliminação de todas as opiniões falsas. O mesmo pode ser dito sobre a experiência da comprovação a que Descartes apela ao afirmar a verdade de seu famoso *cogito ergo sum*.

A experiência da comprovação é, claro, apenas uma experiência «subjetiva». É por isso que ela precisa de uma confirmação de seu status de verdade pelo mesmo cuidador que colocou o indivíduo na posição de acessar a verdade: pela parteira, para usar a comparação de Sócrates. Historicamente, foi a Igreja que assumiu o papel de cuidadora universal. A Igreja reorganizou a vida cotidiana da população europeia até nos pequenos detalhes com o objetivo de colocá-la na direção da contemplação de Deus; e examinava os resultados das contemplações individuais para estabelecer se as provas correspondentes eram verdadeiras ou falsas. Mais tarde, na era pós-cartesiana, a Igreja foi substituída pela comunidade científica que tinha o mesmo papel de controlar as comprovações pessoais. Em outras palavras, aqui o autocuidado é compreendido como um efeito do cuidado institucional, a excentricidade do autocuidado permanece sujeita às instituições de cuidado.

Para se tornar verdadeiramente excêntrico, o sujeito do autocuidado tem que insistir na validade de suas provas pessoais — mesmo contra o julgamento da Igreja ou da comunidade científica. Para Platão, a luz da verdade pode ser obscurecida pelo aprisionamento da alma no corpo, mas não simulada ou falsificada. No entanto, na tradição cristã, a luz que parece ser a verdade pode ser demoníaca: Lúcifer é um dos nomes de Satã. É preciso escolher — não entre a luz e a escuridão, mas entre duas luzes. E a decisão de escolher a luz errada pode ser entendida sem dificuldades como um triunfo da liberdade do sujeito do autocuidado, mesmo que tal escolha seja arriscada e possa levar à perdição eterna. Durante o período romântico, muitos intelectuais e poetas estavam prontos a se identificar com Mefistófeles, o Diabo e Satanás, isto é, com todas as formas de negação e rebelião, apenas para se livrar da opressão protetora do cristianismo institucionalizado. A pessoa deixa Deus em nome da liberdade. Mas e a saúde? A busca pela liberdade é boa ou má para nossa saúde?

É possível argumentar que é essa a pergunta no centro da filosofia de Hegel. Ele compreende que a história é o processo de revelação da liberdade como a essência da subjetividade humana. O movimento da história segue sua própria lógica interna — a lógica da revelação da liberdade. O filósofo não é um professor, cuidador ou líder, mas um espectador desse movimento. Como o Platão de Sócrates, o filósofo pode identificar em que momento a busca pela liberdade chega ao fim, em que momento é bem-sucedida. No curso da história, a liberdade se manifesta como negação. A liberdade é demoníaca, poderíamos dizer. A subjetividade conhecerá sua verdade quando passar por toda a história de negações de tudo o que foi estabelecido historicamente e institucionalizado. No final da história violenta das revoluções e guerras, o espírito humano irá estabelecer sua própria lei. Então a subjetividade irá viver em seu próprio mundo; e não no mundo imposto pelos poderes do passado.

Não é por acaso que Hegel fala sobre a história humana como o Gólgota do espírito. A verdade da subjetividade deveria demonstrar a si mesma «fenomenologicamente», o que significa tornar-se visível ao se manifestar na ação histórica — assim como a subjetividade divina se manifestou na morte de Cristo na cruz. A história humana é a história da libertação da subjetividade da obscuridade e do peso das coisas como elas são. O objetivo dessa libertação é demonstrar a subjetividade como ela é, como liberdade. A história é, portanto, um processo teleológico e guiado: guiado pela lógica dialética da negação da negação. Mas, ao contrário do papel da Igreja Cristã, aqui temos que nos haver com sermos guiados sem proteção. A história nos guia até a verdade, mas, se nos protegesse, nunca teríamos acesso a essa verdade — nossa subjetividade nunca se manifestaria plenamente. Hegel celebra a oposição, o protesto e a revolta. No entanto, para ele, esses elementos só se justificam se forem bem-sucedidos; e eles só são bem-sucedidos se correspondem ao movimento progressivo da história e ocorrem no momento histórico certo. Mas quem decide qual ação histórica em particular é oportuna, e qual não é? A decisão não é do agente histórico, mas da própria história. E essa decisão se torna evidente apenas depois de a ação acontecer, não antes. Como fenomenologista, Hegel assume a posição de espectador do movimento histórico. Ele não é um espectador de almas, mas sim um espectador de corpos em ação — do corpo de Deus sofrendo na cruz, mas também dos corpos mobilizados pelo progresso histórico em sua luta por liberdade.

Hegel viu a autorrevelação decisiva da subjetividade no terror da Revolução Francesa. A universalidade desse terror demonstrou que a verdade da subjetividade é a liberdade. Assim, a Revolução Francesa se tornou a revelação histórica última da subjetividade humana e, ao mesmo tempo, o fim da história:

> Nessa liberdade absoluta, todos os grupos e classes sociais que são as esferas espirituais nas quais o todo se articula são abolidos; a consciência individual que pertencia a tal esfera, e nela desejou e se realizou, pôs de lado sua limitação; seu propósito é o propósito geral,

sua linguagem é a lei universal, seu trabalho é o trabalho universal.[1]

E, além disso:

A Liberdade Universal, portanto, não pode produzir um trabalho positivo, nem uma ação; resta-lhe apenas uma ação negativa; é meramente uma fúria de destruição... O único trabalho e ação da liberdade universal é, portanto, a morte, uma morte também que não tem significado ou preenchimento interior, pois o que é negado é o ponto vazio do eu absolutamente livre. É apenas a mais fria e mesquinha de todas as mortes, que não tem mais significado do que cortar uma cabeça de repolho ou beber um gole de água.[2]

Essa morte não transfere os indivíduos ao Paraíso da Cristandade; tampouco tem utilidade no sentido do Iluminismo, por não trazer fama nem riqueza.

É por isso que, após a revelação de que a liberdade universal corresponde ao terror universal, os indivíduos retornam a seus papéis particulares, a suas condições particulares e tarefas limitadas; em outras palavras, retornam à cultura. No entanto, não é um simples retorno à cultura pré-revolucionária que rejuvenesceria a ordem estabelecida e que então deixaria a possibilidade de a explosão revolucionária ser repetida. O terror revolucionário ensina aos indivíduos o medo da morte como «seu senhor absoluto».[3] O medo pós-revolucionário da morte não é, portanto, o mesmo que o medo pré-revolucionário

---

[1] G.W.F. Hegel, *Phenomenology of the Spirit*, trad. A.V. Miller, Oxford: Oxford University Press, 1977, p. 357.
[2] Ibid., pp. 359-60.
[3] Ibid., p. 361.

Do autocuidado ao cuidado

de Deus. O indivíduo agora conhece a morte não como um perigo externo, mas como obra de sua própria liberdade. Nesse sentido, a negatividade da liberdade torna-se positiva: agora o indivíduo conhece a si mesmo — e esse conhecimento se torna sua essência.[4]

Chega-se ao fim da história. A ação histórica perdeu o sentido. Após a Revolução Francesa, cada indivíduo sabe tudo o que precisa saber a respeito de si. Ou seja, ele sabe que precisa temer a si mesmo. A história foi a história da negação — e terminou com a negação da negação, com o retorno do indivíduo a seu lugar particular e sua reinserção em um sistema de governo e administração. Esse sistema de governo pode se apresentar como se fosse uma encarnação da liberdade, porém a reivindicação é falsa:

> Nem pela mera ideia de obediência a leis *auto-outorgadas* que lhe atribuiriam apenas uma parte do todo, nem por estar *representada* no legislador e na ação universal, a autoconsciência se deixa enganar e abandonar a realidade, a realidade *dela mesma* fazendo a lei e realizando, não um trabalho particular, mas o próprio trabalho universal. Pois onde o eu é meramente *representado* e está presente apenas como ideia, aí ele não é *real*; onde é representado por procuração, *não é...*[5]

O momento histórico da revelação da liberdade fica para trás.

O humano histórico era perigoso — mobilizado pela história e lembrado nas crônicas históricas. A história humana foi uma história de negação movida pelo desejo de liberdade.

---
4   Ibid., p. 363.
5   Ibid., p. 359.

Ao mesmo tempo, foi uma história da razão que negou os poderes, autoridades e crenças que eram irracionais por terem, como única legitimação, a tradição, o poder do passado. Mas, após o fim da história, os caminhos da liberdade e da razão se separaram. As instituições sociais e políticas pós-revolucionárias se tornaram instituições razoáveis — e, assim, a negação radical delas só poderia ser irracional, destrutiva. A razão coincide agora com a estratégia de autopreservação. Como ser razoável, o ser pós-revolucionário, pós-histórico, está condenado a se tornar um ser desmobilizado, domesticado. Assim, fica claro por que o «fim da história» hegeliano deixou as gerações seguintes tão nervosas. Após o fim da história, os humanos perderam a chance de se tornarem heroicos e dignos de memória histórica. A razão agia não mais como negação da ordem existente, mas como legitimação do *status quo*. Agora, ser um homem razoável significaria evitar o risco mortal, prevenir a morte violenta e, portanto, guerras e revoluções. Não havia mais objetivos históricos pelos quais alguém deveria estar pronto para sacrificar a própria vida. Em vez disso, a única atividade que se podia praticar era a autopreservação. O filósofo que antes atuou como um quase-espectador divino da história se tornou um guardião do estado pós-histórico. Mais uma vez, o filósofo operou pela anamnese, mas não a anamnese da verdade eterna, e sim a anamnese histórica que contou a história das ilusões e fracassos históricos. O objetivo dessa anamnese histórica era dissuadir o ouvinte ou leitor de repetir os erros do passado, erros que poderiam, em algum momento da história, ter sido verdades, mas se tornaram irrelevantes após o fim da história. Era preciso lembrar a história apenas para evitar sua repetição.

Do autocuidado ao cuidado

Claro, sempre se pode argumentar que a história da libertação não chegou ao fim, que ainda somos confrontados com violência, guerra, opressão e revolução. No entanto, não é esse o ponto aqui. A verdadeira questão é, se o fim da história como revelação da liberdade humana fosse alcançado, o único objetivo da civilização continuaria sendo a preservação de corpos humanos individuais garantidos pelo Estado de Direito? Os corpos históricos da guerra e da revolução altamente mobilizados se tornariam então os corpos desmobilizados do cuidado. O espírito os abandonaria — eles não estariam mais dispostos a colocar suas vidas em perigo em nome de ideias, projetos e utopias voltados para o futuro porque todas essas ideias e utopias estariam no passado. O papel da Igreja teria sido agora ultrapassado pelo Estado pós-histórico que se tornara um Estado «pastoral», para usar o termo de Foucault. O objetivo desse Estado não é a contemplação da verdade, mas a saúde da população. O senhor absoluto do Estado moderno, secular e pós-revolucionário é, de fato, a morte. O Estado protege os corpos de seus cidadãos da morte autoinfligida — da liberdade destrutiva que é a essência de suas subjetividades. Dessa forma, o Estado impede que os indivíduos assumam o controle da morte, que se tornem senhores da morte — seja por meio do crime, da guerra ou da revolução. A sociedade pós-histórica é a sociedade da proteção total, do cuidado total. Mas esse cuidado, que protege os humanos de si mesmos, entrega-os à morte natural. Nesse sentido, a morte continua sendo a mestra absoluta do Estado pós-histórico.

No entanto, há algo esquecido aqui: o corpo humano não é apenas o corpo socializado do cuidado. E não é apenas a morte natural que os humanos compartilham com animais e plantas. Os humanos compartilham com eles a mudança geracional, a participação na cadeia universal de mortes e nascimentos. E os humanos passam pelo mesmo ciclo de serem jovens, enérgicos e cheios de desejos, projetos e planos para então ficarem velhos, fracos, desapontados, desmotivados — e depois morrerem. Assim, parece que a mobilização e a desmobilização de nossos corpos acontecem no nível corporal mais baixo de nossa existência. Esses não são tanto os efeitos de nossa participação na história das lutas políticas, mas as manifestações do ciclo vital de nossas vidas. Aqui a história é reconhecida como secundária à mudança geracional.

Isso significa que o sistema de cuidado e proteção de nossos corpos isola esses corpos dos fluxos universais de energias vitais. Na verdade, essas energias são suprimidas pelo sistema de cuidados. É o paradoxo do Estado biopolítico: ele tem o objetivo de nos tornar saudáveis, mas, na verdade, adoece-nos. De fato, apenas os doentes precisam de cuidados. Ao cuidar de toda a sua população, o Estado biopolítico trata todos como doentes e distribui os cuidados segundo o sistema de hierarquias e escalões que define o lugar dos corpos simbólicos individuais. O corpo simbólico é a alma documentada, historicamente objetivada e burocraticamente situada. A alma de Platão estava aprisionada dentro do corpo. Os corpos pós-hegelianos estão aprisionados dentro de suas almas, que se tornaram seus corpos simbólicos. Então agora não é nossa liberdade espiritual, mas sim nossa saúde, nossa pura energia vital que nos empurra contra os limites de nossos corpos simbólicos e nega o Estado moderno, pastoral, biopolítico e seus mecanismos de proteção.

Do autocuidado ao cuidado

Boa saúde

Como se sabe, Nietzsche empreendeu a «reavaliação de todos os valores»: uma operação intelectual que consistia basicamente em substituir a busca da verdade pelo desejo de se tornar saudável. Essa substituição foi um ato de democratização radical da filosofia. De fato, nem todo mundo está interessado em discussões teóricas e na busca da verdade, mas quase todo mundo quer ser saudável e não doente. A questão central aqui, claro, é o que significa ser saudável. Para Nietzsche, ser saudável não significava apenas que um corpo fosse reconhecido como saudável por meio de um exame médico. Segundo Nietzsche, a manifestação da saúde é a agressão. Aqui se pode ver uma analogia com a noção hegeliana de liberdade, que se manifesta como negação de uma ordem existente. Mas há também uma diferença importante — e é justo essa diferença que separa radicalmente a filosofia da saúde de Nietzsche da filosofia da liberdade de Hegel. O organismo saudável é agressivo porque saúde significa energia — e a energia se manifesta na ação que cria um lugar no mundo para esse organismo. Assim, a saúde é agressiva porque se afirma e se esforça para dominar seu ambiente. A saúde não é negativa, suas ações não são motivadas por *ressentimento* e protesto. Portanto, a liberdade é dialética, mas a saúde não. A liberdade se torna autoafirmativa no final da história quando nega a si mesma. Mas a saúde é autoafirmativa desde o início.

De fato, como vimos, a essência da pura liberdade é o nada; sua manifestação é simples destruição. O retorno à ordem significa a autonegação da liberdade, a negação da negação. É por isso que Nietzsche entendia a luta pela liberdade como uma manifestação do niilismo e da decadência. A saúde agressiva, ao contrário, luta não por nada, ou pela não ordem, mas para impor uma nova ordem. O sujeito dessa luta pode perder a batalha, mas nunca estará pronto para aceitar uma nova escravidão — como a humanidade europeia pós-histórica está. Essa concepção de saúde pode parecer um pouco romântica, mas não é fácil evitá-la — mesmo no contexto restrito dos estudos médicos. Assim, Georges Canguilhem, depois de discutir diferentes definições de saúde, escreve:

> Se passarmos agora dessas análises ao sentimento concreto do estado que estão tentando definir, entenderemos que, para o homem, a saúde é um sentimento de segurança na vida, ao qual não se impõem limites. *Valere*, em latim, de onde deriva valor, significa ter boa saúde. A saúde é uma forma de enfrentar a existência, pois o indivíduo se sente não apenas possuidor ou portador, mas também, se necessário, criador de valor, estabelecedor de normas vitais.[1]

Por outro lado, o enfraquecimento da vontade de poder pode levar ao adoecimento. Assim escreve Canguilhem:

> A longo prazo surge um mal-estar por não estar doente num mundo onde há homens doentes. E se isso não se devesse ao fato de o indivíduo ser mais forte que a doença ou mais forte que os outros indivíduos, mas apenas porque a ocasião não se apresentou? E se, no final,

---

1 Georges Canguilhem, *The normal and the pathological*, Nova York: Zone Books, 1991, p. 201.

quando surgir a ocasião, o indivíduo se mostrasse tão fraco quanto os outros, tão despreparado quanto os outros, ou talvez ainda mais? Assim, surge no homem normal uma ansiedade por ter permanecido normal, uma necessidade da doença como teste de saúde, isto é, como prova, uma busca inconsciente pela doença, uma provocação a ela. A doença do homem normal é a aparência de uma falha em sua confiança biológica em si mesmo.[2]

Aqui, «normal» significa saudável, é óbvio.

Em seu *Ecce Homo*, Nietzsche professa absoluta confiança biológica em si mesmo. Nesse sentido, é seu livro mais autenticamente moderno. Segundo Nietzsche, é preciso ter «instintos saudáveis». Então, a pessoa é capaz de agir de uma maneira que torna seu corpo mais saudável — e rejeita tudo o que a deixa doente. Assim, Nietzsche insiste na necessidade de fazer a escolha certa em relação à nutrição e ao clima. Uma longa e bela citação:

> Com a questão da alimentação relaciona-se antes de tudo a questão do lugar e do clima. A ninguém é dado viver em qualquer lugar; e quem tem grandes tarefas a resolver, que desafiam toda a sua força, tem mesmo opção muito limitada. A influência climática sobre o metabolismo, seu retardamento, sua aceleração, é tal que um equívoco quanto a lugar e clima pode não apenas alhear um homem de sua tarefa, como inclusive ocultá-la de todo: ele não consegue tê-la em vista. O vigor animal jamais se tornou nele grande o suficiente para atingir aquela liberdade que transborda para o domínio do mais espiritual, quando

---
[2] Ibid., p. 286.

Boa saúde

se percebe: isto posso eu somente... Pequena que seja, uma indolência das entranhas tornada mau hábito basta inteiramente para transformar um gênio em algo mediano, algo «alemão»; o clima alemão em si já é suficiente para desencorajar vísceras fortes, de disposição heroica inclusive. O tempo do metabolismo mantém relação precisa com a mobilidade ou a paralisia dos pés do espírito; o próprio «espírito» não passa de uma forma desse metabolismo. Pense-se nos lugares em que há ou houve homens ricos de espírito, em que engenho, refinamento, malícia são parte da felicidade, onde o gênio quase que necessariamente sentiu-se em casa: todos possuem um ar magnificamente seco. Paris, a Provença, Florença, Jerusalém, Atenas — esses nomes provam algo: o gênio é condicionado pelo ar seco, pelo céu puro — isto é, por um metabolismo rápido, pela possibilidade de sempre tornar a suprir-se de grandes, tremendas quantidades de energia.[3]

Portanto, ser saudável significa ser forte e cheio de energia — e essa energia deve se manifestar no conflito, na guerra:

> Sou por natureza guerreiro. Agredir é parte de meus instintos. *Poder* ser inimigo, ser inimigo — isso pressupõe talvez uma natureza forte, é, em todo caso, condição de toda natureza forte. Ela necessita de resistências, portanto busca resistência: o *pathos* agressivo está ligado tão necessariamente à força quanto os sentimentos de vingança e rancor à fraqueza.[4]

---

[3] Friedrich Nietzsche, *Ecce Homo*, em *Complete Works*, vol. 17, ed. Oscar Levy, trad. Anthony M. Ludovici, Nova York: Macmillan, 1911, pp. 33-4. [As citações desta obra são da edição brasileira *Ecce Homo*, trad. Paulo César de Souza, São Paulo: Companhia de Bolso, 2008. E-book]

[4] Ibid., p. 23.

Filosofia do cuidado

Mais uma vez, Nietzsche descreve essa distinção entre o ataque desde uma posição de fraqueza e *ressentimento* e o ataque como manifestação de um excedente de energia e saúde. Assim, escreve:

> Ataco somente coisas de que está excluída qualquer diferença pessoal, em que não existe pano de fundo de experiências ruins. Pelo contrário, atacar é em mim prova de benevolência, ocasionalmente de gratidão. Eu honro, eu distingo, ao ligar meu nome ao de uma causa, uma pessoa: a favor ou contra — não faz diferença para mim. Se faço guerra ao cristianismo, isso me é facultado, porque dessa parte nunca experimentei contrariedades e obstáculos — os mais sérios cristãos sempre foram bem-dispostos para comigo. Eu mesmo, um adversário *de rigueur* do cristianismo, estou longe de guardar ódio ao indivíduo pelo que é fatalidade de milênios.[5]

Nietzsche argumenta contra o cristianismo porque, para ele, Cristo é um exemplo perfeito de decadência — um homem de vontade fraca, muito sensível, muito nervoso, incapaz de se defender ou de atacar os outros. Ao contrário, Nietzsche diz de si mesmo que não é um homem, mas uma dinamite: a verdadeira saúde é explosiva, perigosa, destrói a cultura que quer controlá-lo. No entanto, embora Nietzsche ataque a ordem dominante, ele não quer mudá-la — tal desejo faria de seu ataque apenas um meio para alcançar um certo objetivo abstrato e generalizado e, portanto, um ato decadente de *ressentimento*. Um ataque autêntico é uma manifestação da saúde e da energia do agressor

---
5 Ibid., p. 24.

aqui e agora. É um ataque cuja causa está na vontade de poder — mas é a vontade de poder entendida como vontade de se tornar objeto de admiração, e não o chefe de uma administração. Nietzsche não está interessado no «poder real», mas na fama que, como ele espera, seus ataques contra o cristianismo e o humanismo pós-cristão lhe trarão no futuro. De fato, ele espera admiração e fama da humanidade futura muito mais do que de seus contemporâneos.

Nietzsche proclama assim que seu lugar não é o presente, mas o futuro:

> Tampouco é ainda o meu tempo, alguns nascem póstumos. — Algum dia serão necessárias instituições onde se viva e se ensine tal como entendo o viver e o ensinar: talvez se criem até cátedras para interpretação do Zaratustra. Mas seria completa contradição, se já hoje eu esperasse ouvidos e mãos para minhas verdades: que hoje não me ouçam, que hoje nada saibam receber de mim, é não só compreensível, parece-me até justo.[6]

Falando de Zaratustra, Nietzsche diz que Zaratustra tem «grande saúde». Para explicar o significado de «grande saúde», Nietzsche cita, de sua própria *Gaia ciência*: Nós, criaturas novas, sem nome e insondáveis, nós, primórdios de um futuro ainda não provado — nós que temos um novo fim em vista também precisamos de novos meios para esse fim, isto é, uma nova salubridade, uma salubridade mais forte, mais aguda, mais dura, mais ousada e mais alegre do que qualquer outra que tenha existido até agora.[7] «Sem nome» é aqui a palavra-chave — é possível

6 Ibid., p. 55.
7 Ibid., p. 99.

Filosofia do cuidado 44

vê-la quando Nietzsche discute a boa saúde em relação à inspiração poética:

> Havendo o menor resquício de superstição dentro de si, dificilmente se saberia afastar a ideia de ser mera encarnação, mero porta-voz, mero *medium* de forças poderosíssimas. A noção de revelação, no sentido de que subitamente, com inefável certeza e sutileza, algo se torna visível, audível, algo que comove e transtorna no mais fundo, descreve simplesmente o estado de fato.[8]

Essas promessas do novo, inominável e inédito, do futuro, soam um tanto vagas. Mas marcam o nascimento da ideologia da criatividade que ainda domina a imaginação individual e social de nosso tempo. Todos nós nos envolvemos nos rituais tediosos, monótonos e repetitivos da vida cotidiana — até que a morte nos detenha. Todos nós fazemos o trabalho de cuidado que mantém as instituições sociais funcionando. A filosofia e a cultura em geral sempre foram tentativas de sair dessa rotina da vida prática. Tradicionalmente, a *vita contemplativa* serviu como alternativa à *vita activa*: decidiu-se não trabalhar, mas contemplar. Agora Nietzsche argumenta que apenas naturezas fracas e decadentes tomam essa decisão. Naturezas fortes — as dotadas de grande saúde — escolhem a grande aventura. Confiam em seus instintos de saúde e substituem o cuidado pelo autocuidado. Hoje diríamos: tornam-se criativos. Isso significa: inventam novas formas de vida, rompem com tradições e convenções, descobrem novas possibilidades de existência, novas tecnologias, novas artes, novas mentalidades. Eles têm mais e não menos energia

---

8   Ibid., pp. 101-2.

e saúde do que a população comum — a população que está cansada de cuidar e ser cuidada —, que está imersa na vida prática cotidiana, gastando toda a sua energia em manter as coisas como estão. A criatividade é um sintoma de boa saúde — mas também é a aceitação da morte. A criatividade é, entre outras coisas, assumir riscos, incluindo risco mortal. Pode-se até dizer: a criatividade nada mais é do que correr riscos mortais. A vontade de projetar o futuro pressupõe também a vontade de projetar a própria morte. Marinetti o descreve bem em seu manifesto futurista: «Nada pelo que valha a pena morrer, a não ser o desejo de nos despojar enfim do peso da nossa coragem!».[9]

Forças dionisíacas explosivas fazem do corpo individual uma bomba perigosa. A morte pode ser entendida como a manifestação mais radical de exaustão, falta de energia e fraqueza. Mas também pode ser uma manifestação de transbordamento energético, um excedente de forças anônimas que destroem o corpo enquanto algo demasiado particular e limitado. O corpo se dissolve no fluxo universal e infinito de energia cósmica. Mas como distinguir entre morte por exaustão e morte por excesso de energia? Em suma, a morte por exaustão é a morte natural, e a morte dionisíaca é a morte violenta. O élan vital cria uma pressão interna que empurra o indivíduo para a morte, em vez de esperar pacientemente por ela. Não se sacrificará a própria vida por nada, porque, no momento do sacrifício, no momento de correr o risco de morte, sente-se vivo de verdade. A vida é entendida aqui como uma experiência interior. A sensação de

---

[9] Filippo Tommaso Marinetti, *The Manifesto of Futurism*, em *Critical Writings*, ed. Günter Berghaus, trad. Doug Thompson, Nova York: Farrar, Straus and Giroux, 2006, pp. 11-17.

estar vivo de verdade confronta o sujeito com provas que não podem ser relativizadas por nenhum conhecimento médico e crítica histórica. Sua intensidade é comparável à intensidade da comprovação com a qual Descartes reconheceu sua dúvida como prova de sua existência. Para Descartes, o ato de negação de todas as opiniões aceitas, bem como dos ensinamentos filosóficos e científicos, era suficiente para atestar sua existência e, ao mesmo tempo, revelar o aspecto universal dessa existência. Para Nietzsche e Marinetti, esse tipo de negação já era familiar, uma parte do jogo. A verdadeira negação também tinha que ser autonegação — negação do indivíduo que manifesta a vida universal, as energias e os fluxos cósmicos infinitos. Aqui, de novo, a aceitação da morte sinaliza uma crença na participação em uma realidade que transcende a morte, que é eterna. Só que, dessa vez, a realidade não é espírito, mas vida. O espírito opera por negações — e o número de negações é limitado. Já a vida, opera por meio de afirmações e repetições. A vida se repete — é a eterna repetição. A imortalidade é pensada aqui não como uma presença contínua, mas como uma série de repetições: uma forma muito moderna de imortalidade.

No entanto, a ideologia da criatividade permanece historicista. Isso não significa que a história ainda seja entendida como a história do progresso. Não há um objetivo comum e pré-estabelecido para o qual a história se mova — nenhuma contemplação última da verdade à qual todos terão acesso no fim dos tempos. O futuro é um efeito da experimentação criativa, de um investimento do excedente de saúde que os indivíduos criativos gastaram para moldá-lo. Nesse sentido, o futuro se torna personalizado — como aliás são o presente e o passado. Estamos vivendo em prédios que foram construídos por alguém, usando máquinas que foram inventadas e construídas por alguém, olhando para obras de arte que foram criadas por alguém. Todos esses criativos usaram energias sem nome, mas eles próprios tinham nomes. E não podemos articular nossa própria posição no mundo sem evocar e usar esses nomes. A ideologia da criatividade exclui a possibilidade de se referir à vontade de Deus ou ao movimento histórico do Espírito Absoluto. Nietzsche via a história como uma «história monumental», como uma corrente dos «grandes homens» que travaram suas «grandes lutas». Essas lutas podem ter sido as lutas do passado:

> Mas uma coisa viverá, o monograma de seu ser mais essencial, uma obra, um ato, uma peça de rara iluminação, uma criação. Isso viverá por ser imprescindível à posteridade. Nessa forma transfigurada, a fama é algo mais do que o mais saboroso bocado do nosso *amour propre*, como o chamava Schopenhauer. É a crença na solidariedade e na continuidade da grandeza de todos os tempos e um protesto contra a passagem das gerações e a transitoriedade das coisas.[10]

Antes, era Deus quem garantia a unidade e a continuidade dos tempos. Agora é a fama trans-histórica de alguns poucos criativos.

Embora a *Fenomenologia* de Hegel descreva a história como a história de negações e destruições, a própria *Fenomenologia* permanece dependente da estabilidade dos arquivos históricos — de sua

---

10 Friedrich Nietzsche, *Untimely meditations*, ed. Daniel Breazale, trad. R. J. Hollingdale, Cambridge: Cambridge University Press, 1997, p. 69.

preservação e boa administração. Em outras palavras, a dialética hegeliana se apoia no trabalho de cuidado que a transcende. É claro que não é o cuidado médico de corpos vivos, mas o cuidado de corpos simbólicos, ou seja, todos os documentos, textos, imagens e objetos pós-mortais relacionados às vidas dos grandes negadores. A coleta e preservação desses corpos simbólicos é impossível sem instituições de atendimento público como cemitérios, bibliotecas e museus. Ao escrever sua narrativa histórica, Hegel se baseou quase automaticamente na diferença já estabelecida entre os corpos simbólicos historicamente relevantes e os irrelevantes — uma diferença que foi produzida por essas instituições. Nietzsche entende a história de maneira semelhante. Sua esperança de que seu *Zaratustra* seja lido e estudado em um futuro distante demonstra a crença inabalável e, deve-se admitir, ingênua em tais instituições de atendimento público.

Na verdade, Nietzsche era, como um corpo vivo, perfeitamente decadente: fraco e muitas vezes doente. Entendia, portanto, que seu corpo saudável e explosivo era não apenas seu próprio corpo vivo, mas também o corpo estendido de seus textos. Não por acaso, ele incluiu as descrições de seus livros em sua autodescrição em *Ecce Homo*. Nietzsche cuidou da saúde de seu corpo com o objetivo de permitir que esse corpo produzisse livros especialmente explosivos, ou seja, saudáveis. Falando de seu livro sobre Zaratustra, Nietzsche usa a mesma imagem de Sócrates — a imagem do parto. Meio irônico, e sem dúvida referindo-se a *Teeteto*, Nietzsche escreve que esteve grávido de Zaratustra durante dezoito meses: «Esse número exato de dezoito meses poderia sugerir, entre os budistas pelo menos, que no fundo sou uma fêmea de elefante».[11] No entanto, Nietzsche dá à luz não uma criança humana (ou elefante), e também não a verdade, mas sim a figura do Übermensch. Essa figura é — ou, pelo menos, deveria ser — representativa do futuro de toda a humanidade. O Übermensch assume um risco mortal não por causa de uma ideia, mas porque ele é, por assim dizer, *supersaudável* e, portanto, uma encarnação da vontade de poder. Saúde significa dinâmica, energia, agressividade. A «verdadeira saúde» não pode ser alcançada porque não existe um «estado de saúde» perfeito e final, mas sim um fluxo permanente de energia que não pode parar. Isso significa que a história não pode acabar. O fluxo de energia flui sempre mais longe — e assim produz sempre novas negações/criações através de personalidades *supersaudáveis* e explosivas semelhantes a Zaratustra.

Mas Zaratustra não é (ainda) um corpo real, vivo, mas sim o corpo de um livro. O conteúdo de um livro pode ser saudável e explosivo, mas um livro como objeto material particular ainda deve ser cuidado — escrito, editado, publicado, guardado em bibliotecas e ensinado em universidades. A figura do Übermensch pode tornar-se um monograma para a humanidade futura apenas como objeto do cuidado institucional. A energia vital, portanto, parece ser apenas um meio de realizar feitos históricos e produzir obras que poderiam encontrar seu caminho nos anais históricos. Ou, em outras palavras, a explosão de energia saudável é usada aqui para produzir um novo corpo simbólico que poderia ocupar um lugar de prestígio entre outros corpos simbólicos dentro do sistema geral de cuidado. Após a morte de Deus e a perda da fé na

---

11 Nietzsche, *Ecce Homo*, p. 97.

imortalidade da alma, o corpo simbólico artificial e burocraticamente administrado se torna a única forma de pós-vida que podemos imaginar. O Übermensch rejeita o cuidado social em nome de uma grande saúde — ele quer viver perigosamente e está pronto para abrir mão do desejo de autopreservação. Assim, à primeira vista, o Übermensch parece praticar o autocuidado como luta contra o estado biopolítico que adoece sua população ao transformá-la em massa de pacientes. Na realidade, porém, o Übermensch ainda conta com o cuidado institucional dos corpos simbólicos. O excedente de saúde, a *übersaúde*, é uma promessa de *übersobrevivência*, de vida após a morte na forma de um livro, de uma obra de arte, como memória de uma ação histórica extraordinária. A grande saúde nietzschiana é um desejo de reconhecimento e fama e, portanto, pode ser reinscrita na narrativa histórica hegeliana. É o que Alexandre Kojève fez em sua Introdução à *Fenomenologia do Espírito*, de Hegel, uma série de palestras que proferiu em Paris entre 1933 e 1939.

O Sábio como cuidador

Em suas palestras sobre Hegel, Kojève alegava estar apenas repetindo o curso do pensamento do filósofo numa língua diferente (francês) e num contexto histórico diferente. De fato, a abordagem histórica de Kojève é mais nietzschiana que hegeliana. Kojève está interessado na história e sobretudo na história política. Mas, para ele, a história é movida não pela razão, nem pela busca humana pela liberdade, mas pelo desejo do indivíduo por um reconhecimento público. De acordo com Kojève, podemos falar em desejo de primeira e segunda ordem.

O desejo de primeira ordem sinaliza para nós nossa existência no mundo. É uma boa inversão de nosso entendimento comum da palavra «desejo». Em geral, o desejo é visto como razão de apego às coisas deste mundo. É por isso que, desde Platão, a filosofia e a religião têm tentado isolar a alma humana de seus desejos corporais e colocá-la na direção da contemplação de si mesma. No entanto, hoje estamos ligados ao mundo não tanto pelo desejo, mas sobretudo pela ciência. A contemplação moderna é uma contemplação do mundo — e não de uma Ideia ou de Deus. Para nós, portanto, não é a rejeição dos desejos que abre caminho para a autoconsciência, mas o contrário, o surgimento do desejo. É o desejo que nos isola e nos opõe ao mundo: «O homem que contempla é 'absorvido' pelo que contempla; o 'sujeito do conhecimento' 'se perde' no objetivo que é conhecido... O homem que é 'absorvido' pelo que contempla pode 'voltar a si mesmo' apenas através de um Desejo»; pelo desejo de comer, por exemplo ... O Eu (humano) é o Eu do ... Desejo».[1]

---
1 Alexandre Kojève, *Introduction to the reading of Hegel: lectures on the* Phenomenology of spirit, ed. Allan Bloom, trad. James H. Nichols Jr., Ithaca, NY: Cornell University Press, 1980, pp. 3-4.

O desejo leva a pessoa da contemplação à ação. Esta ação é sempre «negação». O Eu do Desejo é o vazio que consome, nega e destrói tudo «externo», «dado».

Mas o desejo de primeira ordem produz apenas um autossentimento e não ainda uma autoconsciência. A autoconsciência é produzida por um tipo específico de desejo — o desejo «antropogênico», que é o desejo não por coisas específicas, mas desejo pelo desejo do outro: «Portanto, na relação entre homem e mulher, por exemplo, o Desejo é humano apenas se alguém deseja não o corpo, mas o desejo do outro». Aqui, o desejo se torna dialético. O desejo antropogênico é a negação do desejo animal — a negação da negação. É esse desejo antropogênico que dá início à história e a move: «a história humana é a história dos Desejos desejados... Autoconsciência, a realidade humana... é, por fim, uma função do Desejo por reconhecimento».[2] Aqui Kojève se refere a uma batalha inicial da Autoconsciência descrita por Hegel em sua *Fenomenologia*. Duas Autoconsciências lutam uma contra a outra, e uma delas ganha a disputa. Então a outra autoconsciência tem duas opções: 1. morrer ou 2. sobreviver e trabalhar para satisfazer o desejo do vencedor. Portanto, vemos dois tipos de humanos surgirem: senhores e escravos. Os senhores preferem morrer a trabalhar para outros senhores — e os escravos aceitam o trabalho como seu destino. Apenas os desejos do senhor são reconhecidos. O escravo suprime os próprios desejos para satisfazer os do senhor. O trabalho que o escravo faz é um trabalho alienado que não tem reconhecimento social. Na superfície, a história é a história dos senhores. Eles lutam entre si para conquistar reconhecimento e fama. Quando um senhor

---
2 Ibid., pp. 6-7.

Filosofia do cuidado

vence uma batalha, usa a posição como vencedor para satisfazer seus desejos pessoais. Ao mesmo tempo, o senhor se torna cada vez mais dependente dos escravos que, por meio do próprio trabalho, transformam o mundo no qual o senhor vive — então, no fim, o senhor se torna prisioneiro de um mundo controlado pelo trabalho de outros, pelo trabalho dos escravos.

É claro que Kojève foi muito influenciado por Marx e sua compreensão da luta de classes como motor da história. No entanto, de acordo com Kojève, as classes não se constituem através de sua relação com o processo de produção, mas de sua relação com a violência direta e o poder político. Os «senhores» estão prontos para lutar e morrer em batalha pelo reconhecimento de seus desejos. Os «escravos» preferem viver em paz e, portanto, estão condenados a trabalhar para os senhores. Esse trabalho é entendido como um trabalho de cuidado: os escravos trabalham para satisfazer os desejos e cuidar do bem-estar da classe superior.

Mas e o filósofo? Os filósofos são parecidos com os senhores porque são movidos pelo desejo por reconhecimento, mas ao mesmo tempo os filósofos não buscam reconhecimento através da luta por seus próprios interesses e desejos, mas oferecendo ao público novas ideias sobre a organização da sociedade e o bem comum. Os filósofos podem e devem governar o Estado — nisso Kojève concorda com Platão. Mas Kojève não acredita que um senhor, um rei, um tirano possa aprender a governar de acordo com princípios filosóficos. Em vez disso, o filósofo deve tomar o poder através da revolução e se tornar um filósofo-tirano. De fato, para Kojève, o filósofo não é meramente alguém que escreve livros filosóficos e reflete sobre os eventos históricos, incluindo o fim da história. Ao contrário, o filósofo é um ativista que luta para mudar a história — e o fim da história é justamente o momento no qual o filósofo toma o poder. A filosofia, portanto, vem não depois do evento, como a coruja da sabedoria de Hegel, mas o precede e produz eventos históricos. O filósofo deve deixar de ser contemplativo e se tornar criativo e violento — aqui, pode-se ver a dupla influência de Marx e Nietzsche. No entanto, Kojève desconfia da disposição de servir ao bem comum como única motivação da ação revolucionária. Os filósofos agem historicamente porque são motivados pelo desejo do desejo — pela promessa de reconhecimento.

Para Kojève, Sócrates também é motivado em primeiro lugar pelo desejo por reconhecimento, como os Sofistas.[3] Kojève não acredita que as pessoas possam ser persuadidas por discursos «racionais», porque todo discurso soa mais ou menos racional. Além disso, as ideias filosóficas que seduzem ouvintes e leitores não são aquelas que soam racionais, mas as loucas, inéditas, «criativas». Eles seguem um filósofo ou uma filósofa, não suas ideias. Em diferentes partes de seus escritos, Kojève insiste que são os seguidores que criam as condições para um filósofo louco ser reconhecido e, assim, tornar-se um filósofo racional.[4] Apenas quando os filósofos ganham uma quantidade suficiente de seguidores suas ideias podem começar a ser reconhecidas como razoáveis e sérias o bastante. Isso significa que ser racional não é uma característica original de um discurso filosófico em

---

[3] Alexandre Kojève, em Leo Strauss, *On tyranny: corrected and expanded edition, including the Strauss-Kojève correspondence*, ed. Victor Gourevitch e Michael S. Roth, Chicago: University of Chicago Press, 2013, p. 261.

[4] Alexandre Kojève, *On tyranny and wisdom*, em Strauss, *On tyranny*, pp. 172ss.

particular, mas um efeito do reconhecimento, um sinal de seu sucesso popular. A este respeito, Kojève é o melhor teórico da era contemporânea na qual a importância das ideias é medida pelo número de pessoas que as compartilham, ou pelo menos gostam delas.

Filósofos conquistam o sucesso definitivo não quando lideram seus seguidores rumo à contemplação da verdade, mas quando se tornam líderes revolucionários e depois governantes de Estados pós-revolucionários. O Estado filosófico pós-revolucionário põe fim à história porque transcende a divisão da humanidade em senhores e escravos. O filósofo não é um senhor tradicional; tampouco é um escravo. Diferente do senhor tradicional, o governante filósofo trabalha — mas trabalha para transformar a sociedade de acordo com suas próprias ideias e planos. Em outras palavras, o fim da história é marcado pelo surgimento da figura do senhor trabalhador. Para Kojève, Stalin era um tirano trabalhador desse tipo. É por isso que ele acreditava que foi Stalin, e não Napoleão — como acreditava Hegel — que encerrou a história das revoluções e das guerras.[5] A União Soviética foi, para Kojève, não apenas o Estado dos trabalhadores, mas também um Estado trabalhador. Aqui a história da luta de classes parecia, de fato, chegar ao fim.

Assim, Kojève é meio-Nietzschiano, meio-Hegeliano. Por um lado, interpreta a história como a história do desejo de poder — da luta pelo reconhecimento e prestígio. Nesse sentido, Kojève está muito próximo de Nietzsche. Por outro lado, quer que o filósofo se torne não apenas famoso e

---

5   Alexandre Kojève, *The notion of authority: a brief presentation*, trad. Hager Weslati, Londres e Nova York: Verso, 2014. Publicado originalmente como *La notion de l'autorité*, Paris: Gallimard, 2004.

O Sábio como cuidador

celebrado, mas o verdadeiro senhor, governante e também trabalhador. Como um governante trabalhador, o filósofo deve oferecer à sociedade ideias que ela esteja pronta para partilhar, e uma realização dessas ideias em que a sociedade possa prontamente participar. Esse é, claro, um conceito bastante não Nietzscheano de governante. Nietzsche não acreditava que ideias poderiam ser compartilhadas. Ele estava interessado em admiradores, não em seguidores — enquanto, para Kojève, o problema de ser seguido é central. Em seu livro sobre a noção de autoridade,[6] Kojève desenvolve uma teoria de poder pessoal baseada na popularidade, e não nos mecanismos tradicionais de repressão, nem nos mecanismos democráticos de representação. Do ponto de vista contemporâneo, essa é uma teoria do que chamamos agora de «populismo». No entanto, Kojève acreditava que o populismo pertencia ao passado histórico, a era das guerras e revoluções. O futuro pertence, em vez disso, a uma administração pós-política. E a administração não luta; ela se ocupa do cuidado.

Depois do fim da história, a luta por reconhecimento perde sua relevância histórica. Kojève define o Estado pós-histórico como «universal e homogêneo». Nesse estado todos são reconhecidos no mesmo grau, e, portanto, o desejo de reconhecimento é completamente satisfeito. Para os filósofos, isso significa que podem ser reconhecidos apenas como autores famosos pela «república das letras». Tal reconhecimento é elogioso, mas não muda as reais condições da vida social e política. Os verdadeiros filósofos, depois que ganham poder político, param de brigar por reconhecimento e se tornam Sábios. O Sábio é um

---

[6] Alexandre Kojève, «Introduction», *The notion of authority: a brief presentation*, pp. 158-62.

cuidador da população pós-histórica que perdeu suas ambições históricas e, com elas, sua verdadeira humanidade. O Sábio protege a humanidade ao prevenir que ela caia de novo na história com toda sua violência e sofrimento. Em suma, essa população se interessa apenas pelo consumo — pela satisfação de seus desejos animais — e, portanto, perdeu a capacidade de crítica e reflexão. Na primeira versão da famosa nota de rodapé em sua «Introdução»,[7] Kojève afirma que, depois do fim da história, o homem para de se opor à Natureza porque o desejo por reconhecimento, que os colocava em oposição, está satisfeito. Aqui Kojève se refere a Marx, que previu que o Domínio da Necessidade histórico, que coloca a humanidade em oposição à Natureza e uma classe em oposição a outra classe, será substituído pelo Domínio da Liberdade, que abre para a humanidade a possibilidade de aproveitar a «arte, o amor, a brincadeira etc.» em harmonia com a Natureza.[8]

Porém, Kojève mais tarde perceberia que essa visão idílica implica, entre outras coisas, que a população pós-histórica perca sua memória histórica — e até mesmo o conhecimento de sua própria pós-historicidade. Em um acréscimo a uma nota de rodapé escrita para a segunda edição de sua *Introdução à leitura de Hegel*, Kojève aceita seu erro anterior e assume que o desaparecimento do homem histórico também torna obsoletas noções tradicionais de arte, amor e brincadeira: «Portanto, teria que se admitir que, depois do fim da história, os homens iriam construir seus edifícios e trabalhos de arte como os pássaros constroem seus ninhos e as aranhas tecem suas teias, que realizariam concertos musicais

---
7 Ibid., p. 159.
8 Ibid.

O Sábio como cuidador

da mesma forma que os sapos e as cigarras, que brincariam como jovens animais e se entregariam ao amor como bestas adultas».⁹ Mais importante ainda, o animal humano perderia a linguagem, que é o único suporte da Sabedoria. «Animais da espécie *Homo sapiens* irão reagir pelos reflexos condicionados dos sinais vocais... O que iria desaparecer... não é apenas a filosofia ou a busca por uma Sabedoria discursiva, mas também a Sabedoria em si. Pois, nesses animais pós-históricos, não haverá mais qualquer compreensão do Mundo nem do eu».¹⁰ Pode-se dizer que a população pós-histórica é uma população de senhores ou, em outras palavras, de consumidores que trabalham apenas na medida em que seu trabalho lhes permite consumir.

Apenas o Sábio permanece desinteressado do consumo. Ele continua a trabalhar — e trabalha por nada. Pode-se dizer que o Sábio é uma máquina perfeita que trabalha para além do desejo — porque seu desejo já está satisfeito. Para Kojève, o fato de que o Sábio trabalha é mais importante que o objetivo de seu trabalho. O trabalho se torna um atributo de poder, e não o destino do escravo. E o que é ainda mais importante é que não se trata de trabalho criativo. O Sábio não é um gênio criativo, mas um cuidador universal. E o trabalho do cuidador é, como foi dito, monótono, repetitivo e, nesse sentido, eterno. O Sábio é imortal como as máquinas são imortais. De fato, qualquer máquina pode seguir sendo consertada e conservada por muito tempo. Quando uma máquina quebra ou é usada a ponto de não ter mais conserto, pode ser substituída por outra idêntica, que realiza as mesmas funções. A máquina é imortal porque é infinitamente substituível. O Sábio

---

9   Ibid.
10 Ibid., p. 160.

Filosofia do cuidado   60

também é infinitamente substituível porque todo Sábio incorpora a mesma sabedoria — a mesma memória histórica. O Sábio é uma máquina permanente do discurso e do cuidado. Se o Sábio concretiza o sonho nietzschiano, não é o da grande saúde, mas de eterno retorno do mesmo. O surgimento do Sábio assinala uma transcendência da oposição entre cuidado e autocuidado. O Sábio não está interessado na fama futura, póstuma. Ele encontra satisfação no trabalho anônimo do cuidado. É justo esse anonimato que garante que o trabalho de cuidado será continuado no futuro — para que o Sábio experimente sua vida como tendo uma perspectiva infinita.

Há uma mudança importante entre as perspectivas hegeliana e kojèviana — uma mudança causada sobretudo pela influência de Marx. A oposição entre corpo e espírito se torna uma oposição entre o humano como máquina e o humano como animal. Assim, a noção de saúde torna-se ambivalente. Um homem como máquina é considerado saudável quando está trabalhando, quando está funcional. O sistema de cuidado tem como objetivo manter as pessoas em boas condições de saúde para que possam continuar trabalhando. Quando um indivíduo adoece ou morre, deixa de trabalhar e é substituído por um outro, semelhante, que esteja apto a realizar o mesmo trabalho. Nesse sentido, o homem como trabalhador é potencialmente imortal.

No entanto, no âmbito do homem como animal, a situação é diferente. O animal tem desejos. Mesmo os animais domesticados para o trabalho têm desejos. Quando um animal sente desejo, ele para de trabalhar — e tenta satisfazer o desejo. Isso significa que ter um desejo não é saudável. Em relação ao trabalho, ter um desejo significa a mesma coisa que adoecer ou, no limite, morrer. É por isso que, na estrutura da civilização movida pela tecnologia, os desejos animais são suprimidos ou pelo menos drasticamente reduzidos. Para um animal, contudo, ter desejos e concretizá-los é saudável — já suprimi-los, não. Pode-se argumentar que a supressão dos desejos é capaz de salvar o indivíduo, porque ajuda-o a viver mais. Para o homem, assim como para o animal, no entanto, a longevidade e a sobrevivência não são valores supremos. O indivíduo sabe que, de todo modo, vai morrer. E sabe que, como animal, não é substituível. Claro, todos os animais fazem parte da cadeia do nascer e do morrer: aqui, a espécie domina o indivíduo. No caso dos humanos, porém, o conjunto de desejos tende a ser individual e irrepetível. O autocuidado, portanto, começa mais uma vez a contradizer o sistema de cuidado, porque esse sistema cuida do humano como trabalhador, e não dele como animal. A saúde passa a ser compreendida como a intensidade do desejo — como a capacidade que o humano desejoso tem de fugir do sistema de cuidado e, então, lutar pela satisfação de seus desejos até o triste fim. O desejo Nietzschiano de reconhecimento futuro pode ser transcendido pelo desejo de repetição anônima do mesmo. Mas a explosão das forças vitais no homem pertence a uma ordem diferente, que não é histórica e não pode ser historicizada. Se o Sábio se tornou um trabalhador, o animal contido no homem se manteve um senhor.

O animal soberano

Em seus textos filosóficos escritos depois da Segunda Guerra Mundial, Bataille repete o protesto Nietzschiano — dessa vez, porém, não está contra a razão histórica hegeliana, mas contra a dominação do trabalho. O desejo interrompe tanto o processo do trabalho como o da contemplação. Para usar o mesmo exemplo kojèviano, os desejos corpóreos e animais, assim como o desejo por comida, produzem um autossentimento, o que desvia a atenção do trabalhador do processo de trabalho e a dirige para o próprio corpo. Vamos imaginar que uma máquina funcione da mesma forma. Afinal, as máquinas são movidas não por fluxos místicos de energia, mas pelo fornecimento de petróleo ou eletricidade. Imaginemos que, se esse abastecimento fosse desligado, as máquinas experimentariam o desejo de combustível ou de eletricidade e tentariam se reabastecer, como faria um trabalhador à procura de comida. Nesse caso, as máquinas de fato se comportariam como animais. O desejo faria com que elas cuidassem de seu próprio bem-estar e sobrevivência. No entanto, não é isso o que acontece com as máquinas que conhecemos. Elas não se preocupam com a sobrevivência. Mas os animais e humanos, sim.

Para Bataille, o desejo de renovar a própria energia para ser capaz de continuar a trabalhar não é suficiente. Ele está interessado no desejo que nos tornaria totalmente disfuncionais. Como um ex-aluno de Kojève, Bataille pensa nos termos da oposição original entre senhores e escravos. Kojève havia argumentado que, tendo perdido a luta pelo reconhecimento, caso alguém preferisse morrer a trabalhar para o vencedor, permaneceria um senhor. A morte gloriosa de um senhor não é inferior à vitória. Para Bataille, a vitória na batalha pelo reconhecimento se tornou impossível após o colapso do *ancien régime* e a democratização da sociedade. Mas se manteve a opção pela autodestruição gloriosa. A rejeição do trabalho pode ser vista como sinal de fraqueza, de doença, de falta de força e disciplina. Nesse caso, os trabalhadores permanecem dentro do sistema de controle social que tenta ou restabelecer neles a capacidade de trabalho ou os coloca sob os cuidados das instituições assistenciais. Mas é possível rejeitar o trabalho porque se tem um excedente de energia, de forças vitais que não podem ser absorvidas pelo processo de trabalho. Esse excesso de energia empurra para a revolta contra a rotina do trabalho e o sistema de cuidado.

Nietzsche acreditava que esse excedente de energia tinha que vir de dentro do próprio corpo se o corpo fosse dotado de grande saúde. Mas, para Bataille, esse excedente de energia vem de fora — da energia cósmica que circula na superfície da Terra.[1] No entanto, o cosmos é um zelador muito magnânimo. Ele envia energia demais para a Terra, de modo que nem toda energia pode ser absorvida e esgotada através do trabalho. O excedente de energia — a «parte maldita», como Bataille a chama — pode e deve ser gasto não apenas pelo processo de trabalho, mas pela destruição e autodestruição. A grande saúde se torna, assim, uma espécie de infecção pelo influxo adicional de energias vitais não humanas. A diferença nietzschiana entre a grande saúde e a decadência desaparece: ambas se tornam manifestações do

---

1 Georges Bataille, *The accursed share*, vol. 1, Nova York: Zone Books, 1991, pp. 21-2.

excesso, incluindo o consumo excessivo e o desperdício improdutivo de energia. Bataille desenvolve o discurso da «economia geral» — a teoria econômica que leva em consideração não apenas o trabalho, a produção e a acumulação, mas também o consumo, o luxo e o desperdício. Ora, Bataille não foi, é claro, o primeiro autor que tentou expandir o campo da economia para incluir o valor que a perda e a destruição produzem, para além do trabalho e acumulação.

A teoria geral da economia de Bataille é bastante dependente da teoria das trocas simbólicas que Marcel Mauss desenvolveu em seu *Ensaio sobre a dádiva*.[2] Ainda que, à primeira vista, o ensaio de Mauss se concentre na descrição e análise da troca de presentes nas chamadas culturas primitivas, seu real objetivo é mostrar que a lógica das trocas simbólicas continua a operar na era moderna. Por exemplo, em nossa sociedade sentimos a obrigação de retribuir quando recebemos um presente. Quando não somos capazes de retribuir, aceitamos que o presenteador tem um status social superior ao nosso. Para o presenteador, o presente é sempre uma perda, mas também uma forma de ataque contra o recipiente. O presente-resposta é um contra-ataque. Isso vale também para o sacrifício religioso ou a caridade: um doador mais generoso recebe um status social mais elevado. Dar presentes é, portanto, uma forma de agressão, uma manifestação da vontade de poder. É importante ver que o valor do presente não tem nada a ver com a utilidade do presente para quem o recebe. O ato de dar tem um valor simbólico próprio, que é reconhecido pela sociedade de forma obrigatória.

---

[2] Marcel Mauss, *The gift: forms and functions of exchange in archaic societies*, trad. Ian Gunnison, Londres: Cohen & West, 1966, p. 14.

O animal soberano

A confirmação crucial dessa tese é o costume do *potlatch*, praticado sobretudo pelas nações indígenas da América do Norte, mas que pode ser encontrado em todo o mundo. O *potlatch* é uma competição na destruição da própria riqueza: as tribos concorrentes queimam suas casas e campos, matam animais domésticos e escravos. A tribo que destrói mais riquezas obtém o posto mais alto no período que antecede um novo *potlatch*.[3] Mauss descreve as leis da troca simbólica de presentes a que todas as sociedades estão sujeitas, inclusive as modernas. No entanto, pela palavra «lei», Mauss entende uma certa convenção social — ainda que acredite que essa convenção tem validade universal e rege a totalidade da economia, da qual a economia monetária, ou o mercado, é apenas uma parte. Bataille, ao contrário, interpreta as leis da economia simbólica como leis quase naturais, e delas os humanos não podem escapar.

De fato, a quantidade de energia enviada pelo Sol pode ser considerada um presente para a humanidade, que deveria ser retribuído. No entanto, a humanidade é incapaz de retribuir, de criar um presente-resposta que pudesse ser dado ao Sol. Ícaro tentou e falhou. Então o *potlatch* é a única resposta: os humanos praticam a (auto)destruição para equilibrar o excesso de energia que recebem do Sol. Como já destacamos, os humanos estão de qualquer forma condenados: mesmo se não destruírem voluntária e gloriosamente a própria riqueza, serão catastroficamente destruídos, seja através da crise econômica, de guerras ou revoluções. Em outras palavras, o Sol não permite que a história humana termine. Ao enviar mais energia do que pode ser absorvida pelo trabalho pacífico, o Sol provoca a violência e

---
[3] Ibid., p. 95.

a contraviolência que fazem a história seguir em frente. Esse movimento não tem objetivo, mas tem uma causa. A causa não é apenas o presente do Sol, mas também as ambições dos indivíduos que querem ser soberanos e reconhecidos como tais pela sociedade. São indivíduos que preferem passar suas vidas de maneira gloriosa e se tornar sujeitos do *potlatch* com o Sol, em vez de se tornarem suas vítimas passivas.

Bataille vê a sociedade burguesa como uma sociedade da confusão. Por um lado, é uma sociedade que respeita o trabalho e o esforço de quem tenta alcançar uma maior riqueza e status social. Por outro, em termos culturais, a sociedade burguesa ainda vive nas sombras de seu passado feudal, soberanista. O sujeito burguês é metade-animal e metade-máquina. O conceito de soberania em Bataille é também contraditório. De um lado, seguindo Kojève, ele espera do Comunismo o estabelecimento de uma nova soberania — a soberania do trabalho. Assim, escreve: «Hoje, a soberania não está mais viva, exceto na perspectiva do Comunismo»,[4] onde assume a forma de uma «soberana renúncia da soberania».[5] Aqui, Stálin volta a ser paradigmático do novo tipo de soberania porque recusa qualquer prazer, lazer ou satisfação de seus desejos pessoais em nome de servir a ideia do Comunismo.[6] A soberania comunista é a de um homem que decidiu virar máquina — para rejeitar a metade animal da natureza humana.

Mas Bataille chama a soberania comunista de «soberania negativa». Fica óbvio que ele prefere a opção contrária e positiva de alcançar a soberania: rejeitar o trabalho. Quando o homem rejeita o trabalho,

---
4 Bataille, *Accursed share*, vol. 2-3, p. 261.
5 Ibid., p. 322.
6 Ibid., pp. 321 ss.

deixa de ser uma máquina e se torna um animal, uma fera. A soberania equivale à animalidade: «O homem soberano vive e morre como um animal. Mas ele é, contudo, um homem».[7] É a velha soberania feudal, mas totalmente descristianizada. No mundo cristão real, pré-burguês, até um rei era escravo de Deus. Mas Bataille imagina o senhor feudal sem cabeça, como *acéphale* (para usar o título da famosa revista que Bataille editou de 1936 a 1939) manifestando überforces vitais anônimas, «sem nome». É apropriado que o túmulo de Bataille não tenha nome. Encontra-se no cemitério de Vézelay sob uma colina no topo da qual se pode admirar uma majestosa catedral que marca o local onde a Segunda e a Terceira Cruzadas tiveram início.

Bataille muitas vezes fala sobre a morte e o faz em termos muito materialistas. Para ele, a morte não é o nada, mas sim um cadáver em decomposição. Esse cadáver, assim como a sexualidade, a defecação, a micção, o vômito e outras funções do corpo, apresenta o outro do «corpo normal» que é formado e regulado por nossa civilização como mero instrumento de determinados tipos de trabalho.[8] Nesse sentido, a morte é a principal prova de que não somos meros instrumentos de trabalho. O desejo de soberania transforma a morte passiva em assassinato ativo. O soberano é um assassino. Bataille escreve sobre a morte natural pela qual se espera passivamente:

> Mas, além dessa negação passiva, a rebelião ativa é fácil e está fadada a ocorrer no final: aquele que o mundo da utilidade tendia a reduzir ao estado de uma coisa não sujeita à morte, portanto, não sujeito a matar, exige em

---
7 Ibid., p. 219.
8 *The Bataille reader*, ed. Fred Botting e Scott Wilson, Oxford: Blackwell, 1997, p. 149.

última análise a violação da proibição que ele aceitou. Ao matar, então, ele escapa à subordinação que recusa, e se livra violentamente do aspecto de ferramenta ou de coisa, que ele havia assumido apenas por um certo tempo. É esse o custo para que a existência soberana lhe seja restituída, o único momento soberano que justifica finalmente uma submissão condicional e temporária à necessidade... Se o mundo soberano ou sagrado que resiste ao mundo da prática é de fato o domínio da morte, ele não pertence aos fracos de coração. Do ponto de vista do homem soberano, um coração fraco e uma representação temerosa da morte pertencem ao mundo da prática, isto é, da subordinação. Na verdade, a subordinação está sempre enraizada na necessidade; a subordinação está sempre alicerçada na suposta necessidade de evitar a morte.[9]

Não há dúvida de que Bataille identificou aqui o aspecto principal da cultura moderna e contemporânea. O principal herói dessa cultura é um criminoso, um assassino. As histórias de crimes são a única narrativa contemporânea capaz de capturar o imaginário coletivo. Seja um romance ou um filme, deve ser uma história de crime para ter sucesso comercial de verdade. Sob o estado de direito, o soberano (o rei do *ancien régime*) torna-se um fora-da-lei. O fora-da-lei é verdadeiramente soberano e até sagrado porque ele ou ela representa não a vida (comum), mas a morte, em uma sociedade para a qual a morte é o senhor absoluto. No entanto, representar a morte significa não usar a morte para nenhum propósito prático: o soberano e o sacro são definidos por Bataille em oposição à utilidade. Deve-se,

---

9 Ibid., p. 318.

portanto, matar apenas para se tornar ilegal — e não para atingir quaisquer objetivos particulares que recolocariam o assassino no mundo profano da utilidade. É claro que esses assassinos que matam apenas para se tornar soberanos e talvez até sacros são raros (são encontrados sobretudo nos romances de Dostoiévski). Na maioria das histórias de crimes, os assassinos têm objetivos práticos, como conseguir dinheiro ou vingança. No entanto, sua soberania costuma ser resguardada pelos autores porque os assassinos em geral não conseguem atingir seu objetivo e, assim, são salvos do perigo de se tornarem comuns. Mas o que essa oposição entre o utilitário e o soberano, ou entre a máquina e o animal, diz da nossa saúde? As duas partes dessa oposição parecem nos deixar menos saudáveis. O trabalho é exaustivo e depressivo. Não se pode descrever o assassinato como algo perfeitamente saudável. Encontros eventuais com cadáveres em decomposição, com a merda e o vômito, podem levar a novas infecções. Mas aqui a infecção já não funciona em estrita oposição à saúde. De fato, no momento em que se passa a compreender que a grande saúde é como uma infecção — um influxo de energia estimulante e, ao mesmo tempo, destrutiva —, a infecção passa a ser reconhecida como fonte de criatividade. É preciso estar infectado para se tornar criativo. Na sociedade contemporânea, com seu culto à criatividade, o autocuidado facilmente assume a forma de autoinfecção, inclusive pelo uso de drogas. Não se deve esquecer que o uso de drogas era, por exemplo, parte essencial dos rituais sacros astecas que tanto fascinavam Bataille.

 A infecção de que estamos falando agora é, portanto, não tanto biológica, mas cultural. A sociedade do cuidado guarda a memória dos antigos hábitos, rituais e costumes. Esses rituais e hábitos não se enquadram necessariamente no modo de vida racionalizado moderno e contemporâneo. Isso cria o estado de confusão de que fala Bataille e abre a possibilidade de revivescências e reencenações do passado. Como já mencionado, a vontade de autodestruição excessiva e perigosa pode ser explicada não apenas pela revolta do animal no homem, mas também pela imitação dos padrões pré-modernos de comportamento que sobreviveram na textura da vida social moderna. Esses padrões também se tornam conhecidos por meio de crônicas históricas e pesquisas antropológicas. O que isso demonstra é que colocar em risco a própria saúde não deve necessariamente ser explicado como um ataque das energias e forças vitais contra a cultura dominante. Ao contrário, o conflito entre autoafirmação agressiva e cuidado institucional é a característica fundamental dessa cultura. Todos estão presos no meio desse conflito e precisam tomar partido — ou tentar encontrar um meio-termo.

O sagrado infeccioso

Em seu livro *L'homme et le sacré* [O homem e o sagrado], Roger Caillois trata do sagrado e do infeccioso como sinônimos. Ele escreve que, em Roma, a palavra *sacer* significa «aquilo que não pode ser tocado sem que haja contaminação».[1] A ordem social tradicional fazia uma diferença entre o espaço profano da vida prática e comum e o espaço sagrado, no qual reinavam as forças do mágico e milagroso. O contato desregulado entre o profano e o sagrado pode tornar ambos impuros. O sacro é fascinante e perigoso ao mesmo tempo. E o sagrado nada tem a ver com qualquer distinção moral entre o bem e o mal. «O *fascinans* corresponde às qualidades inebriantes do sagrado, da vertigem dionisíaca, do êxtase, da unidade do transporte... De modo análogo, o demoníaco, no polo oposto do sagrado e compartilhando suas características terríveis e perigosas, excita por sua vez sentimentos igualmente irracionais e que se opõem ao interesse próprio».[2] É por isso que, nas culturas tradicionais, o sujeito profano tinha que tomar todas as precauções possíveis, incluindo jejuns ou banhos rituais, a fim de prevenir a infecção pelo contato com o sagrado.

As mesmas culturas regulam rigorosamente a relação entre os sexos, bem como entre senhores e servos. Caillois enfatiza o fato de que, nas culturas tradicionais, as relações de poder costumam ser aceitas como evidentes: «Qualquer que seja o tipo de poder — civil, militar ou religioso — é apenas a consequência do

---
1 Roger Caillois, *Man and the sacred*, trad. Meyer Barash, Champaign: University of Illinois Press, 1959, p. 36.
2 Ibid., pp. 37-8.

consentimento».[3] Claro, esses relacionamentos mudam, não como resultado de uma melhor percepção, análise crítica ou reforma social racional, mas sim como uma lenta, porém inevitável, perda de energia que permite o colapso da velha ordem.[4] Esse colapso enfraquece os mecanismos de proteção e leva à infusão maciça de energias sagradas na sociedade. O influxo de energias sacras assume uma forma de infecção e intoxicação total que mergulha a sociedade no caos. O trabalho para, o êxtase começa. O caos reina. A sociedade volta à estaca zero, ao ponto de partida inicial. Como resultado, a sociedade se revigora através do «vigor criativo» e da «fonte da juventude»: «começa a reencenação do período criativo».[5] «O ritual de criação que foi herdado, e que sozinho é capaz de conduzir ao sucesso, repete-se. Os atores imitam os feitos e gestos heroicos. Usam máscaras que os identificam com esse ancestral».[6] O trabalho profano é entendido aqui como manifestação do modo passivo de existência ditado pela sabedoria, pelo medo da morte, pela timidez e pela contemplação. O sagrado, por outro lado, é audacioso e criativo: «Tal antagonismo entre sabedoria e audácia, entre o desejo de descanso e o espírito de aventura, parece ser o aspecto da existência coletiva que se reflete com mais nitidez no modo como o indivíduo interpreta o sagrado».[7]

Essa passagem, que se refere à celebração da audácia e da aventura de Nietzsche, mostra que Caillois, de modo semelhante a Mauss, está muito menos interessado nas culturas tradicionais do que em sua própria cultura — e sobretudo na escolha entre o trabalho comum, de um lado, e festivais,

---
3   Ibid., p. 90.
4   Ibid., p. 96.
5   Ibid., p. 107.
6   Ibid., p. 108.
7   Ibid., p. 125.

violência e guerras, de outro. Para Caillois, o Iluminismo e a dominação do pensamento científico sobre as sociedades modernas não aboliram o sagrado, mas deixaram que ele infectasse essas sociedades através de uma profunda insatisfação: «a estabilidade não é mais tida como o bem maior, tampouco contam entre as mais altas virtudes a moderação, a prudência ou a conformidade aos usos estabelecidos. Segurança, conforto, uma boa reputação e honra não são mais considerados as vantagens mais desejáveis».[8] O indivíduo moderno perde a paciência, não pode mais viver uma vida reduzida à espera da morte natural. Assim, colocado na situação de escolha entre a chama sacra e a putrefação profana, escolhe a chama. Não é apenas uma escolha individual, mas coletiva. Na modernidade, o sagrado torna-se não só algo internalizado por indivíduos descontentes com o tédio de suas vidas, mas também produz o fenômeno da guerra moderna. Como a antiga festa sacra, a guerra é uma manifestação da fúria da destruição que envolve toda a sociedade. No entanto, se a festa tradicional mantinha o equilíbrio entre destruição e regeneração, a guerra moderna é capaz de liberar as forças de destruição que podem destruir toda a humanidade. No final do livro, Caillois discute a possibilidade de que a vida como tal seja encerrada pela guerra total vindoura. A única maneira de evitá-la parece ser um retorno ao antigo sistema de regras e rituais que protegiam a esfera profana da infecção mortal por meio do sagrado. Os textos de Bataille e Caillois são, em muitos aspectos, semelhantes. Mas enquanto Bataille clama por um encontro com um Outro definitivo, que se manifesta como um cadáver em decomposição, Caillois nos aconselha a submeter esse encontro a certas medidas

---

8 Ibid., p. 136.

de proteção — a fim de evitar a infecção total e a morte de tudo o que vive.

De diferentes maneiras, todos os autores discutidos até agora buscavam um acesso direto e não mediado à totalidade do mundo, do Universo, do Ser. De fato, se tenho acesso direto e não mediado aos poderes e forças que governam o mundo inteiro, deixo de depender das instituições de cuidado — e posso praticar o autocuidado. Afinal, essas instituições representam apenas uma pequena parte do mundo, do Universo. Assim, posso assumir uma metaposição em relação a elas e julgar suas atividades, em vez de ser julgado por elas. Em outras palavras, posso julgar o conhecimento a partir da posição do não conhecimento.

Ultrapassar o marco institucional do cuidado é sedutor porque oferece a promessa de ser dispensado do trabalho e de, assim, tornar-se verdadeiramente saudável. Com efeito, viver dentro das instituições do cuidado significa também trabalhar para elas. E trabalhar para elas significa não apenas exercer uma profissão, mas também investir muito esforço para construir uma carreira, ter mais acesso e poder dentro das hierarquias institucionais. É um tipo de trabalho exaustivo. Nesse sentido, a busca pela metaposição está intimamente ligada à busca por uma saúde melhor. Mas até que ponto as diferentes estratégias para essa busca ontológica provaram ser boas para nossa saúde? De maneira um tanto paradoxal, pode-se dizer que a mais favorável à nossa saúde é a ontologia platônica da razão. De fato, a contemplação do Logos não tem urgência, não produz pressão de tempo, estresse, histeria em relação à janela de oportunidade que está sempre em risco de fechar no instante seguinte. E é justo esse senso de urgência que, desde o princípio, é ruim para nosso coração, para o metabolismo e para o sistema vascular.

É claro que o platonismo e depois o cristianismo e o budismo foram acusados de desdenharem e desrespeitarem o corpo e suas necessidades e desejos. No entanto, tem-se a impressão de que os monges cristãos e budistas tinham uma saúde relativamente boa. A situação mudou quando a contemplação da verdade foi substituída pela mobilização para o trabalho criativo. Não a eternidade, mas o futuro se tornou o lugar metainstitucional privilegiado. O indivíduo deveria quebrar todas as regras institucionais, minar todas as convenções tradicionais e, ao fazê-lo, criar algo radicalmente novo. Não estava claro — e por definição não poderia ficar claro — o que esse novo deveria ser, mas tinha que ser diferente de tudo o que tivesse vindo antes. Hegel entendia o trabalho do progresso como o trabalho da negação. No quadro da lógica dialética de Hegel, o novo surgiu como um efeito colateral da negação do velho, e não como um objetivo em si mesmo. Assim, a produção do novo tinha que terminar com a negação da negação — com o fim da história.

Foi por isso que Nietzsche propôs a vontade de poder como o motor perpétuo do progresso. A vontade de poder produz não negações, mas diferenças, novas possibilidades de existência humana. Segundo Nietzsche, a vontade de poder é uma aventura — navegar no mar aberto do desconhecido. Assim, a vontade de poder torna-se capaz de julgar a história conhecida a partir da perspectiva do futuro desconhecido que essa vontade está prestes a criar. Como Deleuze acertadamente diz em seu livro sobre Nietzsche: «Novos valores derivam da afirmação: valores que eram desconhecidos até o presente, ou seja, até o momento em que o legislador toma o lugar do 'erudito', a criação toma o lugar do lugar do próprio conhecimento e a afirmação toma o lugar de todas as negações».[1]

Mas o que acontece com nossos corpos como consequência de sua mobilização pela vontade de poder? É claro que o homem novo e criativo, ou melhor, o Übermensch, deve ter a «grande saúde» que lhe permite passar por todas as dificuldades mantendo sua saúde intacta. No entanto, a pessoa média tem esse tipo de saúde apenas por um curto período, durante os anos de juventude. A celebração do desejo, da vontade de potência e das energias vitais leva à celebração da juventude. Mas a juventude é curta — o futuro não é uma aventura criativa, mas as doenças da velhice. O discurso vitalista da afirmação transforma a história no eterno retorno da mudança geracional. Os projetos criativos que inspiraram uma geração são abandonados e esquecidos pela seguinte. Como resultado, todos esses projetos permanecem não realizados. É claro que gerações diferentes vivem vidas diferentes. Mas tornam-se diferentes não pela vontade afirmativa de diferença que mobiliza internamente os corpos dessas gerações. Na verdade, cada nova geração apenas acomoda seu estilo de vida às condições tecnológicas dominantes. A mudança emerge não dentro dos indivíduos, mas é imposta a eles pelos desenvolvimentos tecnológicos.

O trabalho produz novas tecnologias e, assim, transforma o mundo em que vivemos. O mundo é transformado mais pelo trabalho dos escravos do que pelas lutas políticas dos senhores. No fim da história, os senhores

---

[1] Gilles Deleuze, *Nietzsche and philosophy*, trad. Hugh Tomlinson, New York: Athlone Press/Continuum, 1983, p. 173.

são totalmente aprisionados pelo mundo construído pelos escravos — o mundo da indústria. É por isso que a vontade de poder nietzschiana encena uma revolta dos senhores contra a dominação da mentalidade e da moral escravas. A vontade de poder migra do presente para o futuro. Os antigos senhores tornam-se os criativos que dominam o futuro — sendo incapazes de dominar o presente. Eles criam os corpos simbólicos projetados para sobreviver milhares de anos — um pouco como as pirâmides egípcias. Essa é a principal diferença entre os criativos e os trabalhadores comuns que trabalham para viver e vivem para trabalhar. Os criativos, ao contrário, estão mais interessados na vida após a morte do que nesta vida. Essa é a verdadeira origem da ideia de «grande saúde». O criativo precisa de muita saúde para fazer um esforço excedente em comparação ao trabalhador comum, a fim de mobilizar a energia adicional do Sol, da magia antiga e das forças extáticas e projetá-la no futuro. No entanto, nem mesmo um Übermensch pode controlar o futuro. Em vez disso, é controlado por instituições estatais e grandes corporações, com seus investimentos e planejamento de longo prazo. O indivíduo não pode competir com esses monstros sem provocar sérios danos à sua saúde. Assim, em termos de saúde, o futuro não parece um bom substituto para a eternidade.

Nesse sentido, é interessante olhar mais de perto os discursos de Bataille e Caillois. Por um lado, ambos soam perfeitamente nietzschianos: evocam e celebram as forças dionisíacas, a embriaguez festiva, a irrupção das forças vitais. Por outro lado, ambos os autores não são futuristas, é evidente, mas nostálgicos. Não são pregadores de aventuras futuras, mas admiradores de vestígios e traços de antigas formações culturais que sobreviveram às mudanças históricas e permanecem presentes na cultura moderna. De maneira característica, Caillois descreve os festivais como não mais que imitações e reencenações da explosão original das energias criativas. Seus protagonistas carregam as máscaras dos ancestrais mortos — apenas desempenhando seus papéis. Cada repetição desses rituais é uma repetição da repetição, imitação da imitação, reencenação da reencenação. No entanto — ou melhor, justamente por isso — esses rituais parecem revitalizar seus participantes. De fato, se algumas formas de vida sobreviveram à transição do passado para o presente, elas parecem ser capazes de sobreviver também à transição do presente para o futuro. Aqui a busca pela verdadeira saúde passa da crença nas forças vitais para um interesse pela sobrevivência do passado no presente — como a promessa de sobrevivência do presente no futuro. Em outras palavras, um interesse pela moderna instituição de cuidado que possibilita tal sobrevivência.

Caillois desenvolve esse interesse na teoria dos jogos que ele cria mais tarde. O jogo é o antigo ritual sagrado que sobreviveu a seu passado mítico e agora funciona como recreação. Caillois afirma que a maioria dos jogos inclui um aspecto de competição: «A competição é uma lei da vida moderna».[2] No entanto, através do jogo, a competição se torna um espetáculo: «Já tive a oportunidade de destacar que toda competição é também um espetáculo. Ela se desenvolve de acordo com regras idênticas e com a mesma expectativa pelo resultado. Requer a presença de um público que se aglomera em torno das bilheterias do estádio ou do velódromo, assim como nas do teatro e do cinema».[3]

---

2 Roger Caillois, *Man, play and games*, trad. Meyer Barash, Urbana and Chicago: University of Illinois Press, 2001 [1961].
3 Ibid., p. 74.

O povo como cuidador

A sociedade da competição é ao mesmo tempo uma sociedade do espetáculo.

Desde o surgimento do famoso livro de Guy Debord, não raro o espetáculo tem sido criticado por produzir massas de espectadores passivos. O que passa despercebido por essa crítica é que a posição do espectador é repousante, saudável para alguém que é explorado e esgotado pela competição permanente «na vida real». O espetáculo da competição permite assumir uma metaposição em relação a ela — semelhante à posição de Sócrates diante das competições dos sofistas. De fato, Debord é muito socrático em sua dupla estratégia de contemplar o espetáculo e formular uma posição crítica em relação a ele. No entanto, assim que alguém começa a formular uma posição crítica em relação ao espetáculo, torna-se «espetacular» — transposto da plateia para o palco, posicionado como um competidor entre outros. Sócrates torna-se um «sofista», Debord torna-se um «artista». É por isso que Debord lutou contra a «espetacularidade» — não tanto para abandonar a posição de espectador, mas para evitar ser julgado de acordo com a regra da competição. Apesar de sua crítica à passividade do espectador, Debord preferia uma posição na plateia a uma no palco. O espetáculo da «grande saúde» é uma imitação do momento da criação — mas justo por isso revela o próprio ato originário da criação como nada mais que um mero efeito teatral.

O mesmo se pode dizer dos jogos de azar, como a roleta ou a loteria, que nos permitem contemplar nossa dependência do destino. De fato, Caillois afirma que quase todas as formas de competição são percebidas por seus participantes como injustas. Em nossa sociedade, as regras da competição meritocrática tentam compensar os privilégios relacionados ao nascimento, como a riqueza e a posição social da família e o acesso à educação. No entanto, essas regras nunca são experimentadas como suficientes. Caillois escreve: «Nestas condições, a *alea* parece uma compensação necessária e o complemento natural para a *agōn*... Recorrer ao acaso ajuda as pessoas a tolerar a concorrência injusta ou muito dura. Ao mesmo tempo, dá esperança aos despossuídos de que a livre competição ainda é possível nas posições inferiores da vida, que são necessariamente as mais numerosas».[4] Aqui, o confronto com o destino não leva à tragédia — a menos que o jogador fique obcecado pelo jogo. No entanto, o evento da catarse ainda é reencenado e vivenciado pelos jogadores e pelo público, mesmo que a antiga crença no destino tenha se perdido.

A fronteira entre o sacro e o profano se torna a fronteira entre o espetáculo e o público. As instituições que encenam espetáculos de diversas naturezas — desde eventos esportivos até espetáculos teatrais — são as instituições modernas de cuidado que impedem o sagrado de desaparecer por completo na sociedade profana do trabalho. Pois bem, a festa tradicional envolvia toda a população, se não do mundo, pelo menos de uma de suas regiões. É por isso que as festas tradicionais, bem como as festividades cristãs primitivas, não tinham caráter de competição. E a participação nesses festivais e festividades não exigia esforços criativos excessivos, sobre-humanos. No entanto, na era secular, as festas e carnavais tornaram-se espetáculos e atrações turísticas. A missa cristã também se tornou um espetáculo. Antes, eram os deuses e Deus que tomavam a posição de espectadores e

[4] Ibid., p. 115.

juízes dos assuntos humanos. Hoje, o papel do espectador se secularizou. O público substitui Deus e se torna o grande Outro do espetáculo. E é justamente o olhar do outro, ou o olhar do público, que mobiliza os corpos dos atores. Deus podia enxergar as almas. O público pode enxergar e julgar apenas os corpos, seus movimentos e suas ações. No entanto, pressupõe-se que o público esteja sempre certo. É claro que os indivíduos que o compõem têm suas próprias profissões, vidas comuns e problemas cotidianos. Mas quando assumem a posição de pura contemplação, tornam-se público — seu olhar se torna divino: *vox populi* se torna *vox dei*.

Não é a explosão de forças vitais, mas o olhar do outro, de Deus, do público, que compele os atores a se esforçarem mais e a trabalharem mais. Competimos por atenção, sucesso, fama e dinheiro. Os filósofos também querem ser os favoritos do público divinizado. Essa competição acontece dentro das instituições — dentro da academia, no caso dos filósofos, mas também na arte e no esporte. Essas instituições se apresentam como guardiãs da verdade ou do gosto ou da correção científica. Mas dependem de uma captação de recursos que, por sua vez, depende do interesse público e do apoio a esta ou aquela ideia, exposição de arte ou evento esportivo. Em todas essas esferas, como Kojève notou com razão, o sucesso depende do reconhecimento do público ignorante e não profissional. Sociólogos e relações-públicas tentam explicar a lógica e a dinâmica das preferências do público. O problema é que todas essas explicações também são competitivas e precisam ser aceitas pelo público para serem reconhecidas como verdadeiras. Assim, o olhar divino do público permanece transcendente, assim como o olhar de Deus. Ao mesmo tempo, não se pode supor que o público ame os espetáculos de filosofia, arte ou ciência. O público é, sim, semelhante a *la dame sans merci* dos *minnesingers* medievais — ela não se importa com o perdedor, mas também não se importa tanto com o vencedor porque sabe que ele perderá na vez seguinte.

A celebração nietzschiana e pós-nietzschiana das forças vitais e da criatividade foi uma reação ao comportamento «razoável» do burguês padrão, que negligencia a arte, a poesia e a música como desperdício irracional de energia e tempo. Os humanos eram reconhecidos não apenas como agentes da economia e da política racionais, mas também como corpos movidos por desejos «irracionais», forças vitais e vontade de poder. Essas forças são universais, integram o ser humano individual em todo o Universo, incluindo o Sol e os buracos negros. Todos os tipos de atividade irracional, como arte e poesia, são manifestações dessas forças vitais, que nada sabem a respeito do conhecimento humano e das ideias do verdadeiro e do bem. As forças vitais, a vontade de poder, estão «além do bem e do mal». A crítica racionalista e moralista da arte e da poesia perde o foco. Ela é sempre particular porque é ditada por convenções culturais específicas do que uma cultura particular considera racional e moral, enquanto as forças da criatividade são eternas e universais — tão eternas e universais quanto o próprio Universo. A ideologia da criatividade foi prontamente aceita pelos círculos artísticos porque parecia justificar a liberdade artística de romper qualquer convenção racionalista e moralista. Mas essa ideologia também foi aceita pela sociedade burguesa como um todo porque logo se transformou na ideologia do consumo. De fato, do ponto de vista racional, o consumo é um desperdício improdutivo de energia. Mas pode ser legitimado sem esforço como a satisfação das necessidades, impulsos e desejos do corpo humano. E a economia capitalista precisa tanto do consumo quanto da produção, porque se os produtos não são consumidos, não faz sentido econômico produzi-los.

No entanto, se a ideologia da criatividade é a justificação da arte e da cultura, é na mesma medida a justificação para a sua destruição. Para essa ideologia, uma obra de arte em particular não é relevante — o que é relevante é a criatividade que a produziu. Um artista em particular também é irrelevante: se esse artista morrer, as forças da criatividade encontrarão outra encarnação para a atividade artística. De fato, toda a humanidade se torna irrelevante porque necessidades, impulsos e desejos operam também em animais e plantas e talvez também em matéria inorgânica (veja, por exemplo, as forças da gravitação). O espetáculo da cultura, seja uma peça de teatro ou um evento esportivo, oferece sempre o mesmo espetáculo da vontade de poder — do esforço para vencer uma competição. É de fato irrelevante quem é o vencedor ou o perdedor. Amanhã serão outros, mas o espetáculo não mudará. O efeito é o mesmo do caso da caverna platônica: todos que saem da caverna veem a mesma luz.

Agora imaginemos que o filósofo, em vez de retornar à caverna, permaneça em sua entrada. Dessa forma, consegue olhar para as pessoas que se deslocam de uma ponta a outra carregando os diversos objetos, cujas sombras são vistas nas paredes da caverna. O filósofo passa, assim, da posição de contemplação da luz eterna para a posição de crítico de arte. Agora, ele pode analisar

Filosofia do cuidado

quais objetos são mais interessantes e estimulantes e quais não são, quem está movendo e colocando esses objetos de maneira interessante e quem não está. Se assumirmos que o espetáculo desse movimento é eterno, a posição do crítico de arte também se torna eterna — ainda que a própria arte esteja mudando o tempo todo. O mundo da razão e da moralidade parecia eterno a Platão. Mas o espetáculo da criatividade também é eterno — o eterno retorno. Como espectador desse espetáculo, o crítico de arte se junta ao público, que não necessariamente olha para a parede, mas consegue ver tudo o que acontece na caverna. Também podem ver a cena completa do filósofo ou filósofa sendo arrastado(a) cada vez mais para perto da luz e retornando à caverna. Esse espetáculo é oferecido pela academia — e os espectadores são, é óbvio, as mesmas pessoas, que permanecem em seus lugares habituais.

No entanto, o espetáculo só sobrevive se o seu público sobreviver. Afinal, é apenas o povo que tem a «grande saúde», e não um indivíduo isolado. A única maneira de um filósofo participar dessa grande saúde é juntando-se ao público. E é precisamente o que Hegel e Nietzsche fazem. Em sua *Fenomenologia*, Hegel utilizou o conjunto de exemplos históricos que já era familiar a seus leitores. Nietzsche acreditava que seus livros seriam bem-sucedidos no futuro porque poderiam ser facilmente inscritos na evolução do grande público dos valores cristãos para o ideal de sucesso pessoal. Kojève acertou: é o desejo de reconhecimento do público que inspira o espetáculo da cultura e da política. O cuidador supremo é o público. O espetáculo moderno acontece diante do público democrático. Assim, a questão central é esta: Quem é o *demos*? Ou: Quem é o povo?

Quem é o povo?

A questão sobre a relação entre o espetáculo e o povo, ou *Volk*, foi levantada por Richard Wagner em seu tratado «A obra de arte do futuro», escrita no exílio em Zurique após a repressão à revolução de 1848 na Alemanha. Wagner rejeita a dominação do público burguês sobre o espetáculo e seus atores — o olhar apreciativo dos conhecedores, que provoca a competição entre os artistas. Em vez disso, Wagner quer se dirigir às pessoas comuns, ao *Volk*. E assim pergunta: «Quem é então o *Volk*? — É absolutamente necessário que, antes de prosseguirmos, estejamos de acordo com a resposta a essa pergunta crucial.» «O 'Volk' é a epítome de todos aqueles homens que *sentem uma Carência comum e coletiva (gemeinschaftliche Noth)*». E mais: «só a satisfação de uma Urgência genuína é Necessidade; e é apenas o Volk *que age de acordo com as ordens da Necessidade* e, portanto, da forma mais irresistível, vitoriosa e correta».[1] Portanto, todos aqueles que não sentem a verdadeira carência coletiva, mas são guiados pelo egoísmo e capricho, não pertencem ao *Volk* e são, na realidade, seus inimigos jurados. O capricho está sob a ditadura da moda e produz a necessidade artificial por luxo que, infelizmente, envolve também a arte:

> A alma da Moda é a uniformidade mais absoluta, e seu deus é um deus egoísta, assexuado, estéril. Sua força motriz é, portanto, a alteração arbitrária, a mudança desnecessária, a busca confusa e inquieta pelo oposto

---

[1] Richard Wagner, *The artwork of the future*, em *Richard Wagner's Prose Works*, vol. 1, trad. William Ashton Ellis, Londres: Kegan Paul, 1895, p. 75. [Grifos do autor.]

de sua uniformidade essencial. Seu poder é o poder do hábito. Mas o *Hábito* é o déspota invencível que governa todos os fracos, covardes e aqueles desprovidos de verdadeira necessidade. O hábito é o comunismo do egoísmo, as amarras duras e inflexíveis do interesse próprio mútuo, livre de carências; seu batimento cardíaco artificial é o mesmo da Moda.[2]

Ora, Wagner opõe à arte de seu tempo, dominada pela moda, seu próprio projeto de obra de arte universal (*Gesamtkunstwerk*) que unirá todo o *Volk* e inaugurará o verdadeiro comunismo, em vez do falso comunismo de hábito.

Aqui, Wagner argumenta como um verdadeiro revolucionário. Ele não aceita o público burguês de seu tempo como parte do *Volk*. Em vez disso, proclama que apenas os pobres e oprimidos são o verdadeiro *Volk* — o verdadeiro público de sua arte dramática. Claro, ele sabe que, sob as condições econômicas e culturais dominantes de seu tempo, os pobres não podem se tornar seu público. A plateia de Wagner tem que permanecer imaginária — pelo menos até a revolução vindoura. Mas essa orientação para o público imaginário, futuro, vindouro, permitiu que Wagner ignorasse seu real público burguês e seus critérios de competição, excelência e moda. Wagner acreditava que a arte do futuro seria a arte coletiva. E acreditava que os artistas também seriam membros de uma comunidade por vir. Os artistas fariam mais que se apresentar para um público: eles representariam esse público no palco. O indivíduo se tornaria um entre muitos — e não um vencedor em uma competição especializada e profissionalizada.

[2] Ibid., p. 84.

De fato, Wagner argumenta que, só através da morte, o indivíduo pode demonstrar a rejeição do capricho e da moda:

> A última e mais completa renúncia (*Entäusserung*) de seu egoísmo pessoal, a demonstração de sua plena ascensão ao universalismo, um homem só pode nos mostrar por sua *Morte*; e isso não por sua morte acidental, mas por sua morte *necessária*, a sequência lógica de suas ações, a realização última de seu ser.
>
> *A celebração de tal Morte é a coisa mais nobre da qual os homens podem participar.* Ela nos revela na natureza desse homem único, desnudado pela morte, todo o conteúdo da natureza humana universal.[3]

A obra de arte universal como espetáculo deve ser produzida por uma associação artística livre. Para a produção de um determinado espetáculo, essa associação deve estar sujeita à vontade do poeta e, ao mesmo tempo, à do ator que interpreta o herói principal. Esse ator funciona como legislador temporário e mesmo como ditador — até que o espetáculo termine e seu herói morra. Então a associação seleciona um novo ator para interpretar a morte do próximo herói, e assim por diante. Aqui, a morte torna-se um espetáculo para os vivos. Assim, repetidas vezes, o espetáculo confirma a imortalidade da plateia como público — os heróis vêm e vão, mas a plateia permanece. O espetáculo é temporário, mas o tempo de vida da plateia é indeterminado e potencialmente eterno. Wagner trata o público como o fator decisivo de todo espetáculo. Não são os criadores — os artistas, escritores ou atores —, mas sim o

---
3 Ibid., p. 199.

Quem é o povo?

público o verdadeiro portador do espetáculo e, em geral, da arte. A arte é sempre feita para os espectadores, ouvintes e leitores e assim prevê suas reações. A verdadeira força motriz de qualquer atividade cultural não é a saúde e a energia dos autores, mas a suposta saúde do público. A verdadeira crise começa quando essa suposição se torna duvidosa.

No início de seu tratado, Wagner afirma que a humanidade se apresenta dividida em nações. Claro, Wagner proclama sua obra de arte universal como forma de unir toda a humanidade. No entanto, a transformação do egoísta em comunista pode ser entendida também como sua ascensão a uma comunidade nacional. Wagner se opõe ao *Volk* que experimenta necessidade existencial ao público burguês cosmopolita que não sente necessidade real e não pertence a nenhuma comunidade étnica em particular. De início, Wagner via a cultura grega como um modelo para uma cultura universal. Na época da revolução de 1848, a arte grega antiga ainda era considerada um ideal universal. Marx também compartilhava dessa apreciação estética da antiguidade grega. No entanto, com o tempo, Wagner passaria a se interessar cada vez mais pela antiga mitologia germânica. A comunidade passou a ser entendida como uma comunidade étnica, e não a comunidade dos pobres.

De acordo com a interpretação de Nietzsche do «caso de Wagner», essa é precisamente a razão da degradação do wagnerianismo. Nietzsche começa lembrando ao leitor que Wagner foi um revolucionário em sua origem:

> Durante metade de sua vida, Wagner acreditou na *Révolution* como só um francês poderia acreditar.

Procurou-a nas inscrições rúnicas dos mitos, pensou ter encontrado um revolucionário típico em Siegfried. — «De onde surge todo o mal deste mundo?», perguntou-se Wagner. De «antigos contratos», respondeu, como todos os ideólogos revolucionários fizeram. Em linguagem simples: de costumes, leis, moral, instituições, de todas aquelas coisas sobre as quais o mundo antigo e a sociedade antiga repousam. «Como podemos nos livrar do mal neste mundo? Como se livrar da sociedade antiga?» Apenas declarando guerra aos «contratos» (tradições, moralidade). É o que *Siegfried faz*.[4]

No entanto, para Nietzsche, o público do *Bayreuther Festspiele* de Wagner não parecia saudável, revolucionário nem otimista. Ao contrário, o auditório era uma coleção de representantes típicos da decadente burguesia europeia da época: «Os jovens alemães, os Siegfrieds chifrudos e outros wagneritas, exigem o sublime, o profundo e o avassalador».[5] Como resultado, Wagner começou a produzir o espetáculo decadente, doente, falso — a arte que seu público esperava dele. O público decadente infectou o criador, o autor, e o fez produzir arte decadente. A maneira como Wagner escolheu seu *Volk* tornou-se fatídica. O caso de Wagner mostra que mesmo o grande criador não pode transcender a sociedade do cuidado. Mesmo que esse criador imite as festas do tempo sagrado, mítico, como fez Wagner, ele permanece no quadro das instituições de cuidado — uma delas é o teatro moderno — e se confronta com o público «decadente» que é domesticado pelo estado biopolítico. No entanto, é justamente esse público

---

4 *Complete works of Friedrich Nietzsche*, ed. Oscar Levy, trad. Anthony M. Ludovici, vol. 8, *The case of Wagner*, Nova York: Macmillan, 1911, pp. 9–10.
5 Ibid., p. 15.

que apoia as instituições culturais em vez de destruí-las e se mostra pronto para assistir às apresentações das óperas de Wagner e ler os livros de Nietzsche. Afinal, o caso Wagner é também o caso Nietzsche.

O cuidado como Ser do *Dasein*

Pela primeira vez na história da filosofia, a noção de cuidado ocupou um lugar central, em *O Ser e o tempo*, de Heidegger. E pode-se até argumentar que o conflito entre o autocuidado — entendido como autoafirmação — e as instituições do cuidado público moderno está no centro do discurso filosófico de Heidegger. Ele segue seu professor Edmund Husserl ao rejeitar a «atitude natural» que entende os seres humanos como animais entre outros animais, coisas entre outras coisas. O homem não é primariamente um organismo vivo movido por necessidades e impulsos vitais, semelhante a outros organismos como animais ou plantas. Heidegger define o homem como *Dasein* (ser-aí) — como ser-aí-no-mundo. Aqui, ser no mundo significa a impossibilidade de pensar o *Dasein* como um «sujeito» oposto ao mundo como um «objeto». O mundo é correlato ao *Dasein* — eles não podem ser separados um do outro. O *Dasein* sabe que sua existência está ameaçada pela morte, que seu mundo pode desaparecer — então o *Dasein* tem a angústia da morte. A existência do *Dasein* é um projeto voltado para o futuro — planejamos o tempo todo algo para o futuro. Esse planejamento pressupõe que continuaremos existindo — e que precisamos cuidar da nossa existência. Nossa relação com nosso mundo tem caráter de cuidado (*Sorge*) e, na verdade, de autocuidado. O autocuidado é o modo de ser fundamental do *Dasein*.[1]

Em alemão, a palavra *Sorge* (cuidado) tem pelo menos dois significados diferentes, mas interligados.

---

[1] Martin Heidegger, *Being and time*, trad. John Macquarrie e Edward Robinson, Oxford: Blackwell, 1962, pp. 225ff.

Sich über etwas Sorgen machen significa estar preocupado com alguma coisa. O *Dasein* está preocupado com a existência de seu mundo porque seu mundo pode desaparecer. *Fuer etwas Sorge tragen* significa cuidar de alguma coisa. Quando me preocupo com minha existência, também cuido dela. É por isso que o ser do *Dasein* é definido como cuidado. O *Dasein* está aí porque cuida de si mesmo — e está aí no modo de se preocupar consigo mesmo. Aqui, o cuidado se torna o modo ontológico central da existência humana. Nesse contexto, Heidegger cita uma antiga fábula grega:

> Certa vez, quando «Cuidado» estava atravessando um rio, viu um pouco de barro; ela, atenciosa, pegou um pedaço e começou a moldá-lo. Enquanto ela meditava sobre o que havia feito, Júpiter apareceu. «Cuidado» lhe pediu que imbuísse o barro de espírito, e isso ele concedeu de bom grado. Mas quando ela quis que seu nome fosse dado a ele, ele o proibiu, e exigiu que seu próprio nome fosse dado no lugar. Enquanto «Cuidado» e Júpiter discutiam, a Terra se levantou e desejou que seu nome fosse conferido à criatura, já que ela havia oferecido parte de seu corpo para formá-la. Eles pediram a Saturno que fosse o árbitro, e ele tomou a seguinte decisão, que parecia justa: «Já que você, Júpiter, deu seu espírito, você receberá esse espírito em sua morte; e já que você, Terra, deu seu corpo, você deve receber seu corpo. Mas como foi 'Cuidado' quem moldou esta criatura, ela a possuirá enquanto viver. E como há uma disputa entre vocês quanto ao nome, que seja chamado de '*homo*', pois é feito de húmus (terra)».[2]

---

2 Ibid., p. 242.

Filosofia do cuidado

Em textos posteriores de Heidegger, a noção de cuidado desaparece quase por completo. O desaparecimento é central para a compreensão desses textos — e para a compreensão da trajetória intelectual de Heidegger em geral. O cuidado é entendido por Heidegger como cuidado com o mundo do *Dasein*: «Em cada caso, o *Dasein* é sua possibilidade, e ele 'tem' essa possibilidade, mas não apenas como uma propriedade [*eigenschaftlich*], como teria algo presente naquele momento. E como o *Dasein* é em cada caso essencialmente sua própria possibilidade, ele pode, em seu próprio Ser, 'escolher-se' e conquistar a si mesmo; também pode perder a si mesmo e jamais se conquistar; ou apenas 'parecer' fazê-lo».[3] O *Dasein* se perde quando esquece seu modo de existir escolhido, quando começa a se compreender como coisa no mundo e não como um existir-no-mundo. O autocuidado pressupõe uma luta pelo modo de existência específico de um *Dasein*-no-mundo e contra o tornar-se coisa no mundo controlado pelo outro ou outros.

Isso não significa que o *Dasein* seja soberano e governe seu mundo. O *Dasein* apenas existe. O mundo pertence originalmente ao *Dasein*, a seu modo específico de existência. O *Dasein* está no mundo, mas não está no controle do mundo. O perigo aparece e cresce justo quando o *Dasein* tenta controlar seu mundo por meios tecnológicos, tenta tornar-se um sujeito que domina seu mundo reduzido ao objeto. Vejamos o exemplo que Heidegger usa para ilustrar esse perigo em seu ensaio sobre tecnologia:

> A usina hidrelétrica é colocada na corrente do Reno. Ela faz com que o Reno forneça

---
[3] Ibid., p. 68.

sua pressão hidráulica, que faz as turbinas girarem. Esse giro põe em movimento as máquinas cujo empuxo põe em movimento a corrente elétrica que será transmitida pela central de longa distância e sua rede de cabos na forma de eletricidade... Para que possamos, ainda que remotamente, considerar a monstruosidade que reina aqui, vamos refletir por um momento sobre o contraste que surge dos dois títulos, «O Reno» como represado nas obras de energia, e «O Reno» como pronunciado na obra de arte, no hino de Hölderlin de mesmo nome.[4]

De fato, o hino de Hölderlin celebra o Reno como parte do mundo alemão, enquanto a usina faz uso do Reno como ferramenta, ou melhor, como recurso. E Heidegger acrescenta: «Mas, dir-se-á, o Reno ainda é um rio na paisagem, não é? Talvez. Mas como? Nada mais que um objeto de plantão para ser inspecionado por um grupo de turistas enviado pela indústria das férias».[5] Aqui se pode perguntar: o que há de tão ruim em um fornecimento constante de eletricidade — e, aliás, no turismo organizado? A resposta é: aqui, o *Dasein* se perde e depara com o perigo de ser tratado também como matéria-prima para o processamento tecnológico. E o exemplo que Heidegger escolhe para demonstrar essa possibilidade é justamente o do sistema médico: «O discurso atual sobre recursos humanos, sobre a oferta de pacientes para uma clínica, dá provas disso».[6]

O cuidado médico dos corpos humanos mata seu mundo, seu modo autêntico de ser e os transforma

---
[4] Martin Heidegger, «The question concerning technology», em *Basic writings*, ed. David Farrell Krell, Nova York: Harper/Collins, 1973, p. 321.
[5] Ibid., p. 323.
[6] Ibid.

em matéria-prima para a indústria médica. Os humanos não costumam ver esse perigo:

> Na floresta, o silvicultor que avalia a lenha cortada e, ao que tudo indica, percorre o mesmo caminho pela mata que seu avô percorria, é hoje comandado pelo lucro da indústria madeireira, quer ele saiba disso ou não. Ele é subordinado à ordenabilidade da celulose, que por sua vez é desafiada pela demanda de papel, que é então entregue aos jornais e revistas ilustradas. Estes, por sua vez, obrigam a opinião pública a engolir o que é impresso, de modo que uma configuração definida de opiniões se torna disponível sob demanda.[7]

Em outras palavras, o *Dasein* não existe mais no modo de autocuidado e, portanto, perdeu seu status ontológico original. O *Dasein* moderno é aprisionado e controlado pela tecnologia. Mas Heidegger não perde a esperança: «Onde quer que o homem abra os olhos e os ouvidos, destranque o coração e se entregue a meditar e a se empenhar, a criar formas e a trabalhar, a suplicar e agradecer, ele já estará em toda parte acolhido pelo desvelado.»[8] O problema, porém, é que esse desvelamento nos abre justamente para o processo de esquecimento do ser no meio do qual existimos.

Segundo Heidegger, o desvelamento do ser acontece por meio da arte. No entanto, logo no início de seu ensaio «A origem da obra de arte» (1935-6), ele afirma que as obras de arte são tratadas por nossa civilização como meras coisas:

> Se considerarmos as obras em sua realidade intocada e

[7] Ibid.
[8] Ibid., p. 324.

não enganarmos a nós mesmos, o resultado é que as obras são tão naturalmente presentes quanto as coisas. O quadro é pendurado na parede como um rifle ou um chapéu... Obras de arte são enviadas como carvão do Ruhr e toras da Floresta Negra. Durante a Primeira Guerra Mundial, os hinos de Hölderlin eram colocados na mochila dos soldados junto com o equipamento de limpeza das armas. Os quartetos de Beethoven permanecem nos depósitos da editora como batatas em um porão. Todas as obras têm esse caráter de coisa.[9]

O hino de Hölderlin, portanto, na verdade compartilha o destino do próprio Reno. E Heidegger escreve ainda que «essa visão grosseira e externa da obra é censurável para nós. Os vigias ou faxineiras de museus podem operar com tal concepção de arte. Nós, no entanto, temos que tomar as obras como elas são encontradas por aqueles que as experimentam e as apreciam».[10] Mas por que Heidegger rejeita a perspectiva dos vigias e das faxineiras? Aqui, de novo, a oposição entre ter um mundo e ser uma coisa no mundo desempenha o papel decisivo.

Segundo Heidegger, a obra de arte é obra da verdade — e a verdade é o desvelamento do mundo em que o artista vive. Como exemplo, Heidegger usa uma pintura de Van Gogh que mostra um par de sapatos. Heidegger escreve que esses sapatos sujos e gastos revelam o mundo de uma camponesa que passou a vida trabalhando duro na terra.[11] Na verdade, Van Gogh retratou seus próprios sapatos nessa pintura. Mas não é isso o importante aqui. Para Heidegger, esses

---

9 Heidegger, «The origin of the work of art», em *Basic Writings*, p. 145.
10 Ibid.
11 Ibid., pp. 158 ss.

sapatos abriram o olhar para o mundo da vida camponesa da qual Van Gogh e Heidegger também participaram. Van Gogh percorreu os campos em busca de motivos para suas pinturas; Heidegger vivia em um vilarejo.

No entanto, a obra de arte não é apenas uma revelação do mundo, mas também um objeto do negócio da arte. Para Heidegger, isso significa que a obra de arte é um lugar de conflito entre Mundo e Terra. O mundo aberto pelo artista se torna fechado pela materialidade, pela coisidade da obra — pelo retorno dessa obra à terra da qual a obra é feita. Aqui, pode-se reconhecer facilmente a referência à fábula grega de *Ser e tempo*: o mundo do cuidado desaparece quando o *Dasein* morre — apenas uma coisa, um cadáver, permanece e é absorvido pela terra. Aqui, a analogia entre o *Dasein* e a obra de arte se torna óbvia. No museu, não se veem as obras de arte, mas seus corpos mortos — não os mundos que as obras de arte revelam, mas essas obras como coisas materiais, «terrenas», que são cuidadas pela «indústria da arte». Aqui, a obra experimenta a retirada do mundo e a decadência do mundo, as quais não podem ser desfeitas.[12]

No entanto, o mundo que foi revelado através do trabalho da arte permanece aberto se o «povo» (*das Volk*) ainda viver nesse mundo e cuidar dele. Aqui, mais uma vez, como no tratado de Nietzsche sobre Wagner, a obra de arte sobrevive apenas se sobreviverem as pessoas que servem como espectadores autênticos dessa obra, porque o modo de *Dasein* desse *Volk* coincide com o modo de *Dasein* do artista. É por isso que a preservação de uma determinada obra de arte não significa sua mera conservação e restauração em um museu.

---
12 Ibid., p. 166.

Pelo contrário, significa a preservação do modo de vida que se revelou na obra de arte. Nesse sentido, a criação e a preservação da obra de arte andam juntas. A obra dá um impulso, um *quantum* de energia a seu público, o *Volk*, ao revelar seu mundo — e o modo de *Dasein* do *Volk* permanece o mesmo enquanto esse impulso se mantiver historicamente ativo. Mesmo que Heidegger rejeite a vontade de poder nietzschiana como «metafísica», ele ainda entende o «trabalho criativo» como produzido por um excedente de energia. Não é a própria energia individual do artista, mas o influxo (*Sprung*) de energia que é dado pelo Ser (*Ur-Sprung* significa «origem», em alemão) que o artista é capaz de absorver nos raros momentos em que se encontra na «clareira do ser» (*Lichtung des Seins*). A obra de arte é capaz de transmitir essa energia ao *Volk* histórico ao qual esse artista pertence: «Isso porque a arte é, em sua essência, uma origem, uma maneira distinta pela qual a verdade vem a ser, ou seja, torna-se histórica».[13] E é justo dessa maneira distinta que se deve cuidar. O artista ou a artista se preocupa com o destino histórico de seu *Volk* — mesmo que o artista não o possa controlar totalmente.

---

13 Ibid., p. 202.

Aprendemos como o amante da arte vê a arte. Mas consideremos mais de perto o olhar de uma faxineira. A faxineira deixou seu mundo original em que permanecia em contato direto com a natureza, com a *phusis*, para se tornar uma trabalhadora no sistema de cuidado tecnológico, manutenção e restauração de obras de arte como objetos materiais. Ela não vive mais no mundo que Van Gogh revelou. A pintura de Van Gogh é para ela apenas um pedaço de matéria — de terra. Mas qual é então a diferença entre a camponesa e a faxineira? Ambas cuidam da terra. De fato, a faxineira cuida da pintura de Van Gogh de maneira semelhante à maneira como a camponesa cuida do campo que cultiva. A faxineira vê essa pintura como uma coisa, uma tela coberta de tinta, que requer certas condições de temperatura, luz, ar puro e umidade. É óbvio que, para a faxineira, o museu é o mundo dela, que ela compartilha com os visitantes que se comportam de acordo com as regras do museu — por exemplo, aqueles que não entram com sapatos sujos. Então surge a pergunta: por que o mundo da faxineira merece menos desvelamento através da arte do que o mundo da camponesa? Afinal, a faxineira também existe e, assim, pratica seu *Dasein* em um modo de cuidado voltado para as obras de arte. Claro, pode-se dizer que seu trabalho de cuidar faz parte de uma instituição de cuidado. Ela não é autônoma em suas decisões sobre sua prática de cuidado. Mas isso não significa que ela perdeu o *Dasein*. Ela tem seu próprio campo de atuação e consegue exercer seu trabalho de cuidado de forma mais ou menos responsável. Pode-se dizer que a mulher camponesa, ao contrário, tem total autonomia no autocuidado? É óbvio que não, porque ela é uma cidadã, dependente do mercado para vender seus produtos e assim por diante.

Isso significa que, quando cuidamos de uma determinada tradição e começamos a praticá-la aqui e agora com o objetivo de ajudar essa tradição a sobreviver, nosso modo de cuidar deve mudar de acordo com a forma como o mundo mudou. Assim, quando vemos que as obras de arte são cada vez mais produzidas para um museu, essa mudança significa que, de alguma forma, «traímos» a arte e sua missão? De jeito nenhum. Claro, não podemos cuidar apenas das obras de arte do passado. Cuidar de uma tradição significa continuá-la — neste caso, produzir novas obras de arte. Mas o que significa continuar uma tradição artística? Significa cultivar as velhas técnicas artísticas? Ou produzir as velhas formas de vida que produziram essas técnicas em primeiro lugar? Parece que esse tipo de trabalho de cuidado seria muito desgastante para os cuidadores — sobretudo se forem confrontados com a produção artística em maior escala. Assim, surge a questão: Quais são as condições mínimas para que uma obra de arte seja reconhecida como obra de arte? — e, como tal, como continuação de uma tradição artística que merece o trabalho do cuidado?

Essa foi a questão central que a vanguarda tentou responder. Pode-se argumentar que a arte da vanguarda foi justamente a revelação do mundo da faxineira. Com efeito, os artistas da vanguarda entendiam as obras de arte como coisas que se apresentam ao olhar do espectador como são, e não representando outra coisa. Há uma opinião generalizada de que a arte da vanguarda foi uma manifestação de criatividade — uma explosão das forças criativas vitais. Na realidade, porém, essa arte foi o resultado da reflexão e ampliação do cuidado. Assim, Albert Gleizes e Jean Metzinger afirmam logo no início de seu livro sobre o cubismo: «Uma pintura traz em si sua *raison d'être*. Você pode levá-la impunemente de uma igreja para uma sala de estar, de um museu para um escritório».[1] E, além disso, depois de declarar que tudo que é representado numa pintura já foi removido de seu ambiente natural e colocado em um espaço de exposição, escrevem: «Ela [uma pintura] tem tanta importância quanto um número de catálogo, ou um título na parte inferior de uma moldura. Contestar isso é negar o espaço dos pintores; é negar a pintura».[2] Em outras palavras, para Gleizes e Metzinger, uma pintura é, antes de mais nada, uma mera coisa circulando pelo sistema da arte. E eles veem o cubismo como afirmação e manifestação explícita desse caráter autônomo da pintura individual como objeto material que não deve necessariamente retratar nem representar outro objeto qualquer no mundo. Em outras palavras, eles aderem à definição burocrática, gerencial, de pintura que é praticada pelos trabalhadores do museu ou da galeria, para quem uma pintura é uma mera coisa registrada sob um certo número — e então, desenham suas próprias pinturas a partir dessa definição.

A vanguarda reduziu a representação, a narrativa, tudo o que fosse figurativo e naturalista, para apresentar obras de arte como meras coisas. A história dos movimentos de vanguarda é a história dessas reduções — do *Quadrado negro*

---
[1] Albert Gleizes e Jean Metzinger, *Cubism*, Londres: T. F. Unwin, 1913, p. 19. Publicado originalmente como *Du «Cubisme»*, Paris: Eugène Figuière et Cie., 1912.
[2] Ibid., p. 26.

de Malevich aos «objetos inespecíficos» de Donald Judd. Desde Duchamp, o cuidado com a arte foi expandido para todas as coisas possíveis da vida cotidiana. Os artistas passaram a assumir o papel de curadores e a organizar exposições e publicações. A palavra «curador» vem, na verdade, da mesma palavra, *cura*, ou cuidado. O curador cuida das obras com o objetivo de mantê-las visíveis — acessíveis à contemplação. É claro que tendemos a associar um curador a um expositor que usa as obras de arte em um contexto criado artificialmente. No entanto, todas as exposições são temporárias — e, se uma obra de arte não for danificada por acidente, ela pode ser exibida de novo em um contexto diferente. O mesmo pode ser dito das coleções privadas e públicas e do mercado de arte em geral. Essa é a diferença básica entre a obra de arte e a ferramenta e entre as obras de arte e os bens de consumo. Durante seu tempo de uso, uma ferramenta se desgasta e os bens de consumo são consumidos, destruídos. As obras de arte, no entanto, têm garantia técnica de permanência porque não estão ali para uso e consumo, mas apenas para contemplação. Permanece, é claro, uma questão inescapável do porquê dessas coisas particulares estarem funcionando como objetos de contemplação, e não outras. Mas, em primeiro lugar, podemos perguntar por que devemos contemplar qualquer coisa?

Foi a Revolução Francesa que transformou em obras de arte as coisas que antes eram usadas pela Igreja e pela aristocracia como meras ferramentas — ou seja, em objetos que foram expostos em um museu, originalmente o Louvre, apenas para serem vistos. O secularismo da Revolução Francesa aboliu a contemplação de Deus como o objetivo supremo da vida — e a substituiu pela contemplação de objetos materiais «belos». Em outras palavras, a arte foi produzida no início pela violência revolucionária. Durante a história pré-moderna, uma mudança de regimes e convenções culturais, incluindo religiões e sistemas políticos, levou a atos radicais de iconoclastia, à destruição física dos objetos relacionados a formas e atitudes culturais anteriores. A Revolução Francesa ofereceu uma nova maneira de lidar com as coisas valiosas do passado: em vez de serem destruídas, elas foram desfuncionalizadas e apresentadas como arte. É essa transformação revolucionária do Louvre que Kant sem dúvida tem em mente quando escreve em sua *Crítica da faculdade de julgar*:

> Se alguém me perguntar se acho bonito o palácio que vejo diante de mim, posso muito bem dizer que não gosto desse tipo de coisa [...] no verdadeiro estilo rousseauniano eu poderia até vilipendiar a vaidade dos poderosos que desperdiçam o suor do povo em coisas tão supérfluas [...] As pessoas podem concordar comigo e aprovar o que eu disse; mas não é isso que está em questão aqui [...] Não se deve ser minimamente tendencioso em favor da existência da coisa, mas deve-se ser totalmente indiferente a esse respeito para bancar o juiz em matéria de gosto.[3]

A Revolução Francesa introduziu um novo tipo de coisa: ferramentas desfuncionalizadas entendidas como obras de arte e cuidadas pelos curadores.

É frequente se deplorar pelos humanos terem se tornado «objetificados», porque a objetificação está

---

[3] Immanuel Kant, *Critique of the power of judgment*, ed. Paul Guyer, trad. Paul Guyer e Eric Matthews, Cambridge: Cambridge University Press, 2000, pp. 90-1.

associada à escravidão. No entanto, tornar-se coisa não significa necessariamente que um ser humano se torne uma ferramenta. Muito pelo contrário, tornar-se coisa pode significar se tornar objeto de cuidado. Há um paralelo óbvio entre o hospital e o museu. Ambos têm o objetivo de cuidar e proteger — sejam corpos humanos ou coisas. De fato, a proteção de objetos de arte pode ser comparada à proteção médica do corpo humano. Afinal, a ideia de proteção dos corpos humanos por meio dos direitos humanos também foi introduzida pela Revolução Francesa. Há uma estreita relação entre arte e humanismo. De acordo com os princípios do humanismo, o ser humano só pode ser contemplado, mas não usado ativamente — morto, violado, escravizado. O programa humanista foi resumido por Kant com uma formulação famosa: na sociedade esclarecida e secular, o homem nunca deve ser tratado como meio, mas apenas como fim. É por isso que vemos a escravidão como barbárie. Mas usar uma obra de arte da mesma forma que usamos as outras coisas e as mercadorias também é considerado barbárie. E o mais importante aqui é que os humanos são definidos pelo olhar secular apenas como objetos que têm uma forma específica, humana.

O olhar humano não vê a alma humana — esse era o privilégio de Deus. O olhar humano vê apenas o corpo humano. Nossos direitos estão relacionados à imagem que oferecemos ao olhar dos outros. É por isso que estamos tão interessados nessa imagem. E é também por isso que nos interessa a proteção da arte e a proteção pela arte. Os humanos são protegidos apenas na medida em que são percebidos pelos outros como obras de arte produzidas pelo maior Artista — a própria Natureza. Não por acaso, no século XIX — o século do humanismo por excelência —, a forma do corpo humano era considerada a mais bela dentre todas as outras, fosse a das árvores, dos frutos ou das cachoeiras. E, é claro, os humanos estão bem cientes de seu status como obras de arte — e tentam, uma e outra vez, melhorar e estabilizar esse status. Os seres humanos tradicionalmente querem ser desejados, admirados, vistos — querem sentir-se como obras de arte mais do que preciosas.

Essa analogia entre o corpo humano e a obra de arte foi radicalizada por Nikolai Fiodorov no final do século XIX em seu projeto de «a tarefa comum».[4] (É uma tradução padrão do título russo original *Obshchee delo,* que é, por sua vez, a tradução literal do latim *res publica*). A tarefa comum da humanidade consiste, para Fiodorov, na ressurreição artificial de todas as gerações anteriores. Como ponto de partida para a realização desse projeto, Fiodorov escolhe o museu. Ele afirma com razão que a própria existência do museu contradiz o espírito utilitarista e pragmático geral do século XIX.[5] Fiodorov via a tecnologia do século XIX como dividida internamente. Para ele, a tecnologia moderna serviu sobretudo à moda e à guerra — isto é, à vida finita, mortal. É apenas em relação a essa tecnologia que se pode falar de progresso, pois a moda está sempre mudando com o tempo. Também divide as gerações humanas: cada geração tem sua própria tecnologia e despreza a tecnologia de seus pais. Mas a tecnologia também funciona como arte. Fiodorov entende a arte não como uma questão de gosto ou, em geral, de estética. Em vez disso, a arte é, para ele, a tecnologia de

---

4 Nikolai Fiodorov, *What Was Man Created For? The Philosophy of the Common Task*, trad. Elisabeth Koutaissoff e Marilyn Minto, Londres: Honeyglen/L'Age d'Homme, 1990.

5 Nikolai Fiodorov, *Museum, its meaning and mission*, em Arseny Zhilyaev, ed. *Avant-garde museology*: e-flux classics, Minneapolis: University of Minnesota Press, 2015, pp. 60–170.

Sob o olhar da faxineira 109

preservação e restauração do passado. Não há progresso na arte. A arte não espera por uma sociedade melhor do futuro — ela imortaliza o aqui e agora. Ao fazê-lo, no entanto, a arte, tal como é praticada na sociedade burguesa, não costuma trabalhar com as coisas elas próprias, mas apenas com as imagens das coisas. A tarefa preservadora, redentora e revigorante da arte, portanto, em última análise, permanece incompleta.

Para cumprir sua missão, o museu de arte deveria incluir humanos. Na verdade, como cada ser humano é simplesmente um corpo entre outros corpos, uma coisa entre outras coisas, os humanos também podem ser abençoados com a imortalidade do museu. Para Fiodorov, a imortalidade não é um paraíso para almas humanas, mas um museu para corpos humanos vivos. A graça divina é substituída por decisões curatoriais e pela tecnologia de preservação do museu. Todas as pessoas que já viveram devem ressuscitar como obras de arte e ser preservadas em um museu universal que seria idêntico ao universo como um todo. O Estado deve tornar-se o museu de sua população. Assim como a administração do museu é responsável não apenas pela coleção geral do acervo do museu, mas também pelo estado de cada obra de arte, certificando-se de que as obras individuais sejam submetidas à conservação e à restauração quando ameaçam decair, o Estado deve assumir a responsabilidade pela ressurreição e pela vida imortal de cada pessoa. O Estado não pode mais permitir a morte privada de seus indivíduos ou que os mortos descansem pacificamente em seus túmulos. Os limites da morte devem ser superados pelo Estado. Pode-se dizer que o biopoder deve tornar-se total — e não apenas parcial, como descreveu Foucault.

Segundo a famosa frase de Michel Foucault, o Estado moderno faz viver e deixa morrer, em contraste com o Estado soberano da variante mais antiga, que fazia morrer e deixava viver. O Estado moderno preocupa-se com as taxas de natalidade, mortalidade e atendimento à saúde da população. Mas, se a sobrevivência da população é central para os objetivos do Estado, a morte «natural» de qualquer indivíduo é aceita passivamente pelo Estado e tratada como um assunto privado do indivíduo. De modo característico, Foucault entendia o espaço do museu como um «outro espaço», um espaço heterotópico. Ele falava do museu como um lugar onde o tempo se acumula — e era justo isso que distinguia o museu do espaço da «vida real». Fiodorov, em contraste, procurou unir o espaço da vida com o espaço do museu, para superar sua heterogeneidade, que ele via como ideologicamente motivada, e não ontologicamente dada. A superação das fronteiras entre a vida e a morte não é aqui uma questão de introduzir a arte na vida, mas sim uma museificação radical da vida, de transpor toda a sociedade para o espaço museológico heterotópico. Por meio dessa unificação do espaço da vida e do espaço do museu, a conservação do museu torna-se a tecnologia da vida eterna. Essa tecnologia, é claro, não é mais «democrática»: ninguém espera que as obras de arte preservadas em uma coleção de museu elejam de maneira democrática o curador do museu que cuidará delas. Assim que os seres humanos se tornam radicalmente modernos — isto é, assim que passam a ser entendidos como corpos entre outros corpos, como coisas entre outras coisas —, eles têm que aceitar que serão tratados assim pela tecnologia organizada pelo Estado. Essa aceitação tem um pré-requisito crucial, no entanto: o objetivo explícito para o novo poder deve ser a vida eterna aqui na Terra para todos. Só então o Estado deixa de ser um biopoder parcial e limitado do tipo descrito por Foucault e se torna um biopoder total.

Heidegger supõe que, quando o *Dasein* individual sobrevive à perda de seu mundo, ele se torna uma coisa no mundo dos outros. No entanto, em nosso mundo contemporâneo, tal sobrevivência não é uma exceção, e sim uma regra. De fato, nosso mundo é dominado pela migração — pessoas fugindo de guerras e calamidades econômicas. Deixam seus corpos simbólicos para trás e trazem consigo apenas as histórias de suas doenças. Na verdade, suas culturas prévias também podem ser vistas como doenças prévias. Mas, mesmo que as pessoas permaneçam em casa, o mundo delas pode desaparecer, cancelado pelo progresso tecnológico, por guerra ou revolução. É provável que a faxineira de Heidegger fosse uma camponesa antes que uma crise econômica a trouxesse para a cidade, onde ela encontrou seu novo emprego. O primeiro resultado de qualquer revolução tecnológica ou política é a desfuncionalização de muitos corpos humanos — análoga à desfuncionalização das obras de arte como resultado das revoluções artísticas.

Em *O nascimento da clínica*, Foucault tematiza a versão inicial, ainda utópica, dessa conexão entre revolução e saúde. Ele cita Sabarot de l'Avernière, um prolífico autor da época revolucionária, que escreve sobre os ricos pré-revolucionários:

> Vivendo em meio ao conforto, cercados pelos prazeres da vida, seu orgulho irascível, seu rancor amargo, seus abusos e os excessos a que o desprezo de todos os princípios os leva, torna-os vítimas de enfermidades

de toda espécie; sem demora [...] seus rostos ficam franzidos, seus cabelos, brancos, e as doenças os colhem antes do tempo. Enquanto isso, os pobres, submetidos ao despotismo dos ricos e de seus reis, conhecem apenas os impostos que os reduzem à penúria, a escassez que beneficia apenas os abastados e as moradias insalubres que os obrigam «a abster-se de constituir famílias ou a procriar criaturas fracas e miseráveis».[6]

Aqui, o trabalho árduo do *Dasein* é entendido como resultado da exploração dos pobres pelos ricos. A revolução tem o objetivo de libertar o corpo humano dessa exploração e torná-lo saudável:

> E, em uma sociedade finalmente livre, em que as desigualdades fossem reduzidas e em que reinasse a concórdia, o médico não teria mais do que um papel: o de aconselhar o legislador e o cidadão quanto à regulação de seu coração e corpo. Não haveria mais necessidade de academias e hospitais [...]. E, aos poucos, nessa jovem cidade toda dedicada à felicidade de ter saúde, o rosto do médico se desvaneceria, deixando um tênue traço na memória dos homens de um tempo de reis e riquezas, em que eram escravos empobrecidos e doentes.[7]

A revolução é entendida aqui como a libertação do corpo humano do trabalho árduo. A sociedade do trabalho é substituída pela sociedade do cuidado — cuidado por instituições e autocuidado.

Pode-se dizer que, por meio do sistema de cuidado, o corpo humano se torna

---
6 Michel Foucault, *The birth of the clinic: an archaeology of medical perception*, trad. A. M. Sheridan, Londres: Routledge, 1973, p. 33.
7 Ibid., p. 34.

Sob o olhar da faxineira

um *readymade*. Torna-se desfuncionalizado, retirado do contexto das ocupações anteriores. Na sociedade moderna, os humanos se reconhecem trabalhando e/ou lutando por prestígio. Mas o que acontece com um corpo que — por doença ou idade — perdeu a capacidade de trabalhar e lutar? Torna-se inútil. Torna-se um corpo de cuidados desfuncionalizado. Sabemos o que nos espera após o fim de nossos dias de trabalho: não é o paraíso, mas o hospital/museu. Nossos corpos, que durante a maior parte de nossas vidas foram usados apenas como ferramentas de trabalho, transformam-se nos preciosos objetos de cuidado. Tendemos a pensar que nosso valor é medido por quão úteis somos para a sociedade em que vivemos. Mas o sistema de cuidados de fato transcende o sistema de trabalho. O sistema de cuidados inclui também os corpos que nunca puderam e nunca poderão trabalhar. O sistema universal de assistência médica substitui o atendimento das classes altas de que falava Kojève, assim como o museu substitui o palácio. A medicina não atende a todos os nossos desejos, mas apenas ao desejo básico — o de autopreservação. Não é muito. Mas demonstra que nossa existência tem mais valor do que nosso trabalho. Ser curado não é o mesmo que ser trazido de volta a um estado utilizável. No entanto, se o sistema de cuidado valoriza mais o corpo vivo do paciente do que seu uso econômico, o que pode ser dito sobre o valor do trabalho de cuidado?

Trabalho e labor

Em seu livro *A condição humana*, Hannah Arendt argumenta que o trabalho de cuidado é tradicionalmente menos valorizado do que o trabalho produtivo. Assim, na antiga tradição grega, o trabalho de cuidado era considerado trabalho escravo porque tinha como objeto o corpo do senhor. Assim, Arendt faz uma distinção entre «trabalho», entendido como o processo produtivo, e «labor», entendido como o trabalho improdutivo do cuidado. Arendt escreve: «É a verdadeira marca de todo labor que ele não deixe resquícios, que o resultado de seu esforço seja consumido quase tão depressa quanto o esforço é despendido. E, no entanto, esse esforço, apesar de sua futilidade, nasce de uma grande urgência, motivado por um impulso mais poderoso do que qualquer outra coisa, porque a própria vida depende dele».[1]

Além disso, Arendt defende que foi Marx quem inverteu a relação entre trabalho e labor e sujeitou o trabalho produtivo ao labor improdutivo — atividade laboral — introduzindo a noção de «força de trabalho». O trabalho de cuidar é improdutivo, mas produz «força de trabalho», que produz todo o resto. Os humanos possuem «produtividade»:

> Essa produtividade não está em nenhum dos produtos do trabalho, mas no «poder» humano, cuja força não se esgota quando produz os meios de sua própria subsistência e sobrevivência, mas é capaz de produzir um «excedente», ou seja, mais do que o necessário para sua própria

---
[1] Hannah Arendt, *The human condition*, Chicago: University of Chicago Press, 1958, p. 87.

«reprodução». É por não ser o labor em si, mas o excedente da «força de trabalho» humana (*Arbeitskraft*) o que explica a produtividade do trabalho que a introdução desse termo por Marx, como Engels corretamente observou, constituiu o elemento mais original e revolucionário de todo o seu sistema.[2]

Portanto, todo trabalho se torna labor porque «todas as coisas são entendidas não em suas qualidades objetivas e mundanas, mas como resultados da força de trabalho viva e das funções do processo vital».[3] Arendt também vê o chamado «trabalho intelectual» como uma forma de trabalho de cuidado — cuidado não com organismos vivos, mas com grandes máquinas burocráticas nas quais, de forma semelhante, o cuidado também não deixa vestígios perceptíveis. Claro, para Arendt a figura do intelectual moderno é semelhante à figura kojèviana do Sábio: o filósofo era criativo, mas o Sábio serve e cuida.

Essa ausência de traços materiais e «mundanos» do trabalho humano irrita Arendt. Claro, ela sente nostalgia pela «história monumental» nietzschiana de «grandes homens» (e mulheres) que construíram uma cadeia de solidariedade transgeracional e trans-histórica e criaram o mundo em que ainda vivemos. De fato, quando todo trabalho é entendido como labor, o mundo se torna totalmente absorvido pela vida. A vida também é um processo trans-histórico, mas é um processo coletivo e comum. O processo é fluido. O indivíduo emerge e desaparece na superfície desse fluxo, mas não pode ser estabilizado historicamente. Aqui, a «perda do mundo» heideggeriana

2 Ibid., p. 88.
3 Ibid., p. 89.

Filosofia do cuidado

vem à tona mais uma vez. Quando o *Dasein* pratica o autocuidado, ele cuida do seu mundo. Quando o *Dasein* se torna vida, algum outro cuida dele. Mas como o *Dasein* se torna vida? Arendt fala da dor que nos faz esquecer o mundo ao nosso redor, e continua:

> A única atividade que corresponde estritamente à experiência de ausência do mundo, ou melhor, à perda do mundo que ocorre na dor, é o labor, onde o corpo humano, a despeito de sua atividade, também é lançado sobre si mesmo e não se concentra em nada além de sua própria existência, permanecendo aprisionado em seu metabolismo com a natureza sem jamais transcender ou libertar-se do ciclo recorrente de seu próprio funcionamento.[4]

A vida se revela na dor. Quando Marx, como sugere Arendt, viu a história humana como o metabolismo da humanidade com a natureza, isso significa apenas que Marx via a humanidade sofrer.

Como já vimos, não apenas os corpos humanos, mas também as coisas do mundo precisam do trabalho de cuidado que as protege e mantém. E a própria Arendt explica muito bem por que esse trabalho pode e até deve fracassar. Ela introduz a noção de «natalidade». Essa noção significa que «cada nova geração pode desfazer o que foi feito».[5] Ninguém pode preservar nada além do tempo da própria vida. E justo isso significa que tudo é absorvido pelos cuidados envolvidos no metabolismo da vida com a natureza. No final do livro, Arendt escreve que a vida se tornou o único objetivo dos homens — e não uma

---
4 Ibid., p. 115.
5 Ibid., p. 243.

vida individual, mas a vida do «homem socializado». Arendt de novo torna Marx responsável por essa mudança na compreensão da vida, mas, ao mesmo tempo, proclama que a vitória do homem como *animal laborans* é historicamente inevitável — ainda que deplorável.[6]

O homem socializado, ou melhor, o corpo humano socializado, é, segundo Arendt, o mais importante resultado histórico da luta entre o movimento operário e a sociedade da propriedade privada. A primeira forma de propriedade privada é a privacidade do corpo humano: o desenvolvimento da propriedade privada pode ser visto como uma expansão da privacidade pelo processo de apropriação do ambiente pelo corpo humano. Arendt destaca o fato de que, mesmo nas sociedades socialistas, as funções fisiológicas do corpo permanecem privadas. Ela escreve:

> Nesse aspecto, o corpo torna-se de fato a quintessência de toda propriedade, porque é a única coisa que não se pode compartilhar, mesmo que se queira. De fato, não há nada menos comum e menos comunicável e, portanto, mais protegido contra a visibilidade e a audibilidade da esfera pública, do que aquilo que acontece dentro dos limites do corpo.[7]

No entanto, o surgimento das instituições públicas e privadas do cuidado e, em paralelo, a ascensão do movimento operário, que inclui os cuidadores, leva à perda da privacidade. Meu próprio corpo não me pertence mais. Suas funções fisiológicas, incluindo as reprodutivas, tornam-se objeto de discussões políticas e procedimentos

---
6 Ibid., pp. 321 ss.
7 Ibid., p. 112.

burocráticos. Todos vivem na antecipação da dor — e isso significa na antecipação da perda do próprio mundo e da socialização como objeto de cuidado. Isso explica por que, hoje, a privacidade perdeu seu status de proteção em um nível que Arendt não seria capaz de imaginar.

O sistema de cuidado é um meio pelo qual se dá o metabolismo do corpo socializado com a natureza. Esse corpo é ao mesmo tempo físico e político. Suas funções mais íntimas são institucionalmente acessíveis e se tornam temas de discussão pública. Essa situação não é nova. Na sociedade feudal, em que o poder era herdado por direito ao nascer, o corpo do senhor era fonte de legitimidade política. É por isso que o cuidado de seu corpo tinha a mais alta prioridade política. Na sociedade burguesa, o corpo perdeu sua relevância política e se tornou um mero instrumento empregado em trabalho ou atividade social. Como resultado, os corpos começaram a ser separados uns dos outros por seu status simbólico. A experiência da intimidade só poderia ser alcançada no sexo e na guerra — isto é, em situações de exceção da ordem simbólica dominante. Para o sistema de cuidado, ao contrário, todos os corpos são íntimos e políticos ao mesmo tempo. Aqui, o íntimo e o político, o corpo físico e o corpo simbólico, tornam-se idênticos.

Essa nova identidade do íntimo e do público é bem ilustrada nas mídias sociais contemporâneas. Redes sociais como Facebook ou Instagram oferecem à população global a oportunidade de postar suas fotos, vídeos e textos mais íntimos, tornando-os acessíveis a todos — e os internautas não têm escrúpulos em utilizá-los. Na era do clássico espetáculo cultural de massa, Andy Warhol previu os quinze minutos de fama durante os quais um indivíduo tinha a chance de chamar a atenção da mídia. Mas Warhol também produziu filmes como *Sleep*, que mostrava um homem dormindo por várias horas. Aqui o privado se torna público. Foi de fato o início da nova era em que ainda vivemos. Através da internet, nossos corpos simbólicos começaram a coincidir cada vez mais com nossos corpos físicos. Quanto mais as pessoas usam a internet para satisfazer suas mais privadas necessidades e desejos, mais essas necessidades e desejos se tornam acessíveis ao público. Hoje, as contas nas redes sociais servem como versões primárias dos corpos simbólicos, funcionando como extensões quase imediatas dos corpos físicos dos usuários. A internet é passiva — só reage aos nossos desejos, nossas perguntas, nossos cliques. Mas não é apenas um espelho, é também uma câmera que produz uma imagem do nosso eu desejante. E o conteúdo dos relatos se refere sobretudo à vida corriqueira, cotidiana, que, como tal, não desperta o menor interesse. Se a ideologia da criatividade exigia que um indivíduo se apresentasse como diferente, incomum, até mesmo extraordinário, a ideologia contemporânea exige que cada um se apresente apenas como outra pessoa humana. É sem dúvida a melhor estratégia de autoproteção em uma sociedade muito heterogênea, que pode se tornar potencialmente perigosa para todos a qualquer momento. No início da era da internet, havia uma estranha confiança nessa nova ferramenta de rede. Essa confiança foi totalmente perdida ao longo do tempo — não apenas por causa do amplo conhecimento da vigilância na internet, mas também pelo uso da rede como meio de disseminação de todo tipo de ódio. Nesse sentido, a autointimização serve sobretudo ao objetivo de autoproteção. Mas isso também quer dizer que nossos corpos privados e pessoais se tornaram simbólicos. A vida os abandonou — corpos simbólicos não podem sentir dor. A autoexposição narcisista funciona aqui como anestesia. A socialização e a politização do próprio corpo parecem impedir a experiência da dor desse corpo como «minha» dor — mesmo antes da intervenção de qualquer tratamento médico. Aqui, a revelação do próprio corpo funciona como mimetismo.

Em seu livro sobre mimetismo, Caillois se posiciona contra a impressão generalizada de que o mimetismo é a capacidade do organismo de se integrar visualmente a seu ambiente.[8] De fato, o mimetismo costuma ser associado ao conformismo — ao desejo protetor de se tornar mediano, de parecer igual a todos os outros. Caillois queria provar que havia, por assim dizer, formas inconformistas de mimetismo. Ele mostrou que alguns insetos se apresentam como maiores e mais perigosos do que de fato são, com o objetivo de assustar possíveis agressores.[9] Pode-se ler esse livro como uma paródia do movimento surrealista, cujos integrantes tentaram se apresentar como mais perigosos do que na realidade eram; mas, na verdade, Caillois apresenta aqui uma teoria muito mais geral da criatividade como autoproteção e autocuidado. A criatividade não é uma erupção de energia interna e vontade de poder, mas sim uma hábil imitação dessa erupção, que protege o corpo físico fraco escondido atrás dela. Essa teoria pode ser aplicada a Nietzsche, mas não apenas. Em sua teoria do olhar, Lacan usou o livro de Caillois para afirmar que a arte, e sobretudo a pintura, é sempre uma maneira não de

---

8 Roger Caillois, *Méduse et cie*, Paris: Gallimard, 1960.
9 Ibid.

Trabalho e labor

expor, mas de proteger o artista da exposição ao olhar do outro. Como diz Lacan, o olhar do outro é sempre um olhar maligno. Ao produzir obras de arte, os artistas tentam redirecionar o olhar do outro de seus próprios corpos para o corpo de sua obra — e assim desarmar o olhar maléfico e nocivo do espectador. Aqui a criatividade é entendida não como efeito do excedente de energia que impõe a vontade artística ao mundo, mas como defesa do fraco contra a agressão do outro. A revelação do próprio corpo íntimo e privado e de suas necessidades e desejos é a forma mais econômica de criar um corpo simbólico protetor que resista ao olhar maldoso do outro.

Nossa cultura muitas vezes é descrita como narcisista. E o narcisismo é entendido como concentração total em si mesmo, como falta de interesse pela sociedade. No entanto, seria errado dizer que o Narciso do mito era antissocial. Ele se encantou com o reflexo de seu corpo no lago como uma imagem «objetiva», profana — produzida pela própria Natureza e potencialmente acessível a todos. E supôs que os outros também ficariam fascinados por sua imagem mundana. Como parte da cultura grega, ele sabia que compartilhava o gosto estético dos outros gregos. Os humanos contemporâneos, porém, não podem se fiar na aparência com que nasceram: eles precisam praticar o design de si mesmos e produzir a própria imagem, com o objetivo de serem apreciados por toda a sociedade heterogênea, ao extremo, em que vivemos. Mesmo aqueles cujas atividades se limitam a tirar *selfies*, ainda as distribuem ativamente para obter as «curtidas» que desejam. Ninguém tem mais interesse pela sobrevivência e o bem-estar da sociedade quanto os Narcisos contemporâneos.

Esse interesse é caracteristicamente moderno, secular, ateu. Antes, o desejo de reconhecimento e admiração pelos outros, pela sociedade, era considerado um pecado porque substituía o único reconhecimento espiritual verdadeiro pelo reconhecimento «mundano»: valores externos no lugar dos valores internos. A relação primordial do sujeito com a sociedade era religiosa, ética. Na era secular, Deus foi substituído pela sociedade e, em vez de um relacionamento ético, nosso relacionamento com a sociedade se tornou erótico. Para sobreviver, o indivíduo tem que ser apreciado. E, para ser apreciado, precisa se tornar apreciável. Onde antes havia religião, surgiu o design. Como resultado, o design transformou a própria sociedade em um espaço de exposição em que os indivíduos aparecem como artistas e obras de arte autoproduzidas. O design de si mesmo é uma forma de autoproteção, autocuidado — e assim escapa à famosa distinção de Kant entre a contemplação estética desinteressada e o uso das coisas guiado por interesses. O sujeito desse design de si claramente tem um interesse vital pela imagem que oferece ao mundo exterior. E a decisão do espectador de gostar ou não dessa imagem tem graves consequências pessoais e políticas. É por isso que o sujeito desse design de si não está interessado apenas em sua própria imagem, mas também na existência dos espectadores dessa imagem. Assim como um amante se interessa pela existência de um parceiro para ser amado, o sujeito do design de si mesmo está interessado na existência e na estrutura da sociedade para encontrar reconhecimento e receber admiração. O desejo narcísico de reconhecimento fortalece a ordem simbólica existente na sociedade, pois é para essas estruturas que o desejo se dirige. Aqui, o corpo humano se torna uma obra de arte, análogo a um item de museu. Queremos ser apreciados, ser cuidados.

Cuidado revolucionário

Mas como escapar da necessidade de autoapresentação, de criação de uma imagem protetora, de design de si? Esse é o problema real com o qual toda teoria revolucionária é confrontada. Pode-se argumentar que Alexander Bogdanov ofereceu a descrição mais clara desse problema em sua *Tektologia*. Ele descreveu o processo revolucionário usando as noções de *egressão* e *regressão*. Egressivas são todas as formas tradicionais, centralizadas e autoritárias de organização social. Escreve: «Suas formas foram bastante variadas na história da humanidade: comuna patriarcal, formação feudal, economia escravista, despotismo oriental, burocracia, exército moderno e família pequeno-burguesa etc.».[1] Todas essas formas de organização se revelam instáveis porque, para qualquer poder centralizado, é difícil controlar a sociedade em suas menores unidades. Como resultado, essas unidades se tornam mais ou menos independentes e o todo egressivo e autoritário se dissolve. É o que se tornou mais evidente quando o Antigo Regime começou a ser confrontado pela Revolução Industrial:

> Na produção de máquinas, um novo elo de egresso — um mecanismo — é introduzido entre a mão do homem e a ferramenta de trabalho. Assim, alcança-se também um novo alargamento do egresso, e bastante significativo: o mecanismo está livre da limitação biológica dos órgãos do corpo e pode controlar ao mesmo tempo um número indefinidamente grande de instrumentos.

---

[1] Alexander Bogdanov, *Essays in Tektology: the universal organization science*, trad. George Gorelik, Seaside, CA: Intersystems Publications, 1980, p. 178.

Mais tarde, o egresso se desenvolveu na forma de uma cadeia de mecanismos, onde alguns punham em movimento ou regulavam outros.[2]

As cadeias de controle se tornam tão longas e difíceis de administrar que o sistema egressivo de poder se dissolve. A organização pós-egressiva, ao contrário, baseia-se no princípio da plasticidade:

> Denota um caráter móvel e flexível de acoplamentos do complexo e facilidade no reagrupamento de seus elementos. É de uma importância enorme para o desenvolvimento organizacional. Quanto mais plástico é o complexo, maior é o número de combinações que podem ser formadas sob quaisquer condições que o alterem, mais rico é o material de seleção e mais rápida e completa é sua adaptação a essas condições.[3]

No entanto, a plasticidade põe em risco os organismos vivos por causa da instabilidade de suas formas. Como reação a esse perigo, a organização plástica se torna degressiva, ou «esquelética». Bogdanov entende como esqueléticas todas as formas de proteção do organismo, incluindo, entre outras, a pele. Relembramos aqui o livro de Caillois sobre os insetos que possuem exoesqueletos que os fazem parecer perigosos por meio de uma espécie de (anti)mimética. E mais, Bogdanov escreve: «Pertencem a essa categoria as roupas — um exoesqueleto adicional do corpo — e a habitação, um esqueleto análogo, de uma ordem superior; caixotes e caixas para a conservação de todo tipo de produto do labor e recipientes para

---

[2] Ibid., p. 185.
[3] Ibid.

líquidos etc».[4] Poderiam ser acrescentados à categoria os hospitais e museus. Aquilo que chamo de corpo simbólico também é entendido por Bogdanov como um exoesqueleto: «Símbolos de vários tipos, em especial o mais típico e difundido deles — a palavra —, representam um caso extraordinariamente importante e interessante de degressão».[5] De fato, Bogdanov entende a linguagem — com todos os seus rituais e convenções de uso — como um esqueleto da sociedade degressiva. Obras de arte também pertencem a esse esqueleto. Bogdanov percebeu muito cedo que sua função era sobretudo protetora.

Assim escreve Bogdanov: «A questão é exatamente essa estabilidade: os símbolos *fixam*, isto é, firmam, seguram e protegem da decomposição o tecido vivo e plástico das imagens mentais, de forma completamente análoga à forma como o esqueleto fixa o tecido vivo e plástico das proteínas coloidais de nosso corpo».[6] A forma social mais esquelética e ossificada é o sistema de educação que, de modo paradoxal, tende a destruir o caráter protetor do esqueleto humano individual: «Assim, por exemplo, a criança é instruída a não ter segredos, ou que nunca deve contar mentiras. Pode ser conveniente para os educadores; mas, na realidade contemporânea, o homem está condenado a perecer se for incapaz de esconder seus sentimentos e pensamentos».[7] Referindo-se a Marx, Bogdanov escreve ainda que o esqueleto técnico define o esqueleto econômico e ideológico de uma sociedade: «Aqui os processos *primários* de seleção e adaptação prosseguem, dos quais dependem as mudanças subsequentes no curso da

---
4 Ibid., p. 188.
5 Ibid., p. 189.
6 Ibid.
7 Ibid., p. 198.

Cuidado revolucionário

vida da sociedade: o ponto inicial do desenvolvimento social ou suas bases acabam por ser as formas técnicas».[8] É muito interessante que Heidegger também introduza a palavra *Gestell* («armação» ou «esqueleto», em alemão) no centro de sua teoria da tecnologia. *Gestell* também significa «aparato». Heidegger argumenta que o dispositivo tecno-social molda nossa visão do mundo. Mas ignoramos o *Gestell* justamente porque direciona e enquadra nosso olhar.[9]

A análise de Bogdanov explica por que em uma sociedade «democratizada» todos os projetos voltados para uma maior democratização, horizontalidade e plasticidade não levam a lugar algum. Esses projetos são direcionados contra os poderes autoritários e «egressivos», na esperança de que todos os vestígios desses poderes autoritários possam ser removidos e uma sociedade perfeitamente plana, horizontal e «rizomática» se torne a sociedade da liberdade. Mas Bogdanov mostra que as sociedades horizontais ainda precisam usar a linguagem e outros rituais de compreensão mútua. Assim, os indivíduos permanecem inseridos no sistema degressivo de regras, direitos e deveres que constroem seu próprio esqueleto e o esqueleto social. E a sociedade ainda se baseia no pressuposto de que os corpos de seus membros coincidem com seu exoesqueleto — em outras palavras, que esses membros não mentem ou trapaceiam. As lutas pela horizontalidade, portanto, não atingem seu objetivo real. As sociedades democratizadas são controladas não por poderes autoritários, mas por seu esqueleto, *Gestell* — as regras de comunicação, o modo de tomada de decisão, a

---

8 Ibid., p. 205.
9 Martin Heidegger, «The question concerning technology», em *Basic writings*, pp. 325 ss.

Filosofia do cuidado   128

linguagem comum, o modo de vida comum, a tecnologia que essas sociedades usam. Quando se exige ainda mais democratização e horizontalidade, mais importantes se tornam as regras procedimentais — a tecnologia da vida comum — e assim o esqueleto social se torna ainda mais inflexível e ossificado.

É por isso que Bogdanov acredita que apenas um movimento bastante centralizado e verdadeiramente egressivo pode quebrar o esqueleto conservador da sociedade democrática e se tornar emancipatório de fato. Através desses movimentos egressivos, indivíduos e grupos sociais saem do esqueleto protetor e passam a controlar a si mesmos e a seu ambiente. Segundo Bogdanov, apenas uma seita religiosa ou um partido político podem se tornar uma força disruptiva e transformadora como essa, porque ambos são egressivos, centralizados. A seita religiosa, no entanto, precisa apelar para as formas esqueléticas já existentes de tradição e rituais — uma religião nunca pode ser verdadeiramente nova. A ideologia também é degressiva para Bogdanov. Assim, o verdadeiro partido revolucionário e egressivo não pode se basear em uma ideologia inflexível. Nesse aspecto, a descrição da egressão de Bogdanov lembra o ensaio sobre a violência de Georges Sorel.[10] Sorel enfatiza que Marx não era um pensador utópico, reagindo com ironia a todos os projetos de desenhar o futuro. A revolução só é verdadeiramente revolucionária quando abre um futuro imprevisível. Além disso, a revolução não é resultado do investimento criativo de energia adicional, mas sim da decisão de não apoiar a ordem existente, de não cuidar mais dela. A revolução não requer mais, e sim

---

[10] Georges Sorel, *Reflections on violence*, Cambridge: Cambridge University Press, 1999 [1912], pp. 72-3.

Cuidado revolucionário

menos energia do que o trabalho «degressivo» cotidiano. Sorel define a greve geral como a forma mais radical de violência revolucionária. Não é a violência que impõe uma nova lei (como no caso da Revolução Francesa), mas, ao contrário, a violência subversiva que deixa a velha ordem desmoronar e abre espaço para a emergência de uma nova ordem. A revolução deve produzir um sentimento de alívio — não de uma nova obrigação.

Bogdanov também acreditava que o partido revolucionário não deveria usar nenhuma forma esquelética já existente. Só poderia ser eficaz e ter sucesso se se tornasse radicalmente centralizado. Bogdanov mostra os perigos da descentralização para um partido como esse com um exemplo retirado da história do Partido Operário Social-Democrata Russo. Não é que Bogdanov esperasse que o Partido Bolchevique fosse para sempre egressivo e disruptivo. Em vez disso, ele acreditava que um período de degressão e ossificação necessariamente viria após o estabelecimento de um novo regime egressivo. As forças de egressão e degressão estão capturadas em um conflito eterno. A cada instante, pode-se optar por uma delas, mas não se pode escapar completamente de ser definido por ambas.[11]

O conflito entre egressão e degressão pode ser entendido como o conflito entre autocuidado e cuidado. Os sistemas esqueléticos degressivos são sistemas de proteção, de cuidado. Eles estão organizados de acordo com regras e restrições tecnológicas, econômicas e administrativas que definem o esqueleto da sociedade. O paciente deve seguir as convenções dominantes: procurar o plano de saúde adequado, ir a um médico na mesma vizinhança ou indicado por amigos e

---

[11] Bogdanov, *Essays in Tektology*, p. 183.

conhecidos etc. No entanto, o paciente — ou melhor, os pacientes — pode usar sua posição relativamente externa e excêntrica em relação ao sistema médico degressivo para iniciar um movimento egressivo que assuma o poder sobre esse sistema, e assim o transforme em benefício dos pacientes e de sua saúde. Aqui, o autocuidado passa a predominar sobre o cuidado.

A problemática da assistência médica não era estranha a Bogdanov — ele teve formação acadêmica como médico, e sua *Tektologia* está repleta de exemplos e referências biológicas. Por algum tempo, Bogdanov foi, ao lado de Lênin, um dos líderes do movimento dentro do Partido Operário Social-Democrata Russo, que se tornou o Partido Bolchevique e, depois, o Partido Comunista. Em 1912, no entanto, Bogdanov havia abandonado a atividade revolucionária. Mais tarde, tornou-se ativo no período pós-revolucionário como organizador do famoso *Proletkult*. A ideia principal do *Proletkult* era motivar operários e camponeses comuns a fazer arte. Todos eram aceitos. Quase não havia crivo ou censura estética. De certa forma, o *Proletkult* foi uma realização da ideia de Marx da desprofissionalização da arte — sua libertação do controle do mercado de arte. A arte deve se tornar a manifestação direta do desejo proletário de design de si — além das questões de qualidade, utilidade e outros critérios. Assim, é bastante compreensível que o *Proletkult* tenha sido praticamente abolido pela liderança comunista em 1920, segundo o princípio tektológico da centralização dos movimentos egressivos.

Após a dissolução do *Proletkult*, Bogdanov organizou o Instituto de Hematologia e Transfusão de Sangue (1924-28). Bogdanov acreditava que as transfusões de sangue entre representantes das gerações mais velhas e mais jovens levariam ao rejuvenescimento das primeiras. De acordo com alguns relatos, os primeiros resultados foram muito promissores.[12] Em 1928, o próprio Bogdanov e uma estudante doente com tuberculose e malária se submeteram a uma troca de sangue entre si. Como resultado dessa transfusão, Bogdanov morreu — e a estudante teve uma recuperação total.

Os experimentos de Bogdanov com transfusão de sangue se encaixam na tendência pós-revolucionária de combinar a promessa comunista de construção de uma vida feliz para todos na Terra, com a promessa fedoroviana de conquistar a imortalidade e ressurreição por meios tecnológicos. Essa tendência foi compartilhada por uma ampla gama de intelectuais do partido, de Lunacharski a Trótski. Foi formulado mais claramente no manifesto do grupo dos chamados cosmistas-imortalistas: os direitos humanos deveriam incluir o direito de se tornar imortal, o rejuvenescimento constante e a livre viagem individual no espaço cósmico.[13] O funcionamento do Instituto de Hematologia e Transfusão de Sangue mostra como Bogdanov compartilhava dessa tendência egressiva do movimento biocosmista — egressiva porque seus objetivos eram alcançáveis apenas sob condições de planejamento e administração centrais. Mas, ao mesmo tempo, Bogdanov também tinha algumas premonições da ossificação degressiva desse movimento, caso ele viesse a ser bem-sucedido.

Essas premonições são tematizadas em um conto intitulado «Dia da imortalidade», que ele publicou em 1912.[14] O cientista

---

12 Alexander Bogdanov, «Tektology of the struggle against old age», em *Russian Cosmism*, ed. Boris Groys, Cambridge, MA: MIT Press, 2018, pp. 203 ss.
13 Cf. Alexander Svyatogor, «Our affirmations», em *Russian Cosmism*, ed. Groys, pp. 59-62.
14 Alexander Bogdanov, «Immortality day», *op. cit.*, pp. 215 ss.

Fride, que mil anos antes havia descoberto o método de tornar os seres humanos imortais, deve ser celebrado no aniversário dessa descoberta. Ao longo desses mil anos, Fride explorou diferentes ciências e artes — e teve sucesso em todas elas. Mas agora ele perdeu seu entusiasmo inicial e seu relacionamento com sua esposa, que durou vários séculos, tornou-se um fardo. A vida humana se tornou eterna, mas o número de pensamentos humanos possíveis e suas combinações, assim como o número de eventos naturais possíveis e suas combinações, permanecem limitados. Para Nietzsche, o número limitado de eventos possíveis no mundo finito, material, era a prova de que a existência mundana está sujeita à lei do eterno retorno do mesmo.[15] Walter Benjamin via nessa figura nietzschiana uma tentativa de garantir a felicidade individual em meio a uma cultura controlada pela ideologia do progresso — uma cultura na qual o indivíduo tinha que esperar e esperar até que a promessa de felicidade fosse cumprida pelo esforço coletivo.[16] Mas aquilo que, para um ser humano mortal, havia sido uma esperança, se tornou uma maldição para um imortal. O eterno retorno do mesmo se tornou uma forma degressiva de imortalidade. No entanto, sob total controle biopolítico, o único movimento egressivo possível é o movimento de volta à mortalidade humana. Fride decide cometer suicídio e escreve em seu testamento: «Após mil anos de minha existência, cheguei à conclusão de que a vida na Terra é um ciclo de repetições, particularmente intolerável para um homem de gênio, cujo ser inteiro anseia por inovação. Essa é uma das antinomias da natureza. Eu a resolvo pelo suicídio».[17]

---

15 Friedrich Nietzsche, *Gesammelte Werke*, Munich: München Musarion Verlag, 1926, vol. 19, p. 373.

16 Walter Benjamin, *Gesammelte Schriften*, Frankfurt am Main: Suhrkamp, 1982, vol. V-1, p. 173.

17 Bogdanov, «Immortality day», em *Russian Cosmism*, p. 225.

Cuidado revolucionário

Como método de cometer suicídio, Fride escolheu ser queimado na fogueira, por achar que seria o método mais doloroso:

> À meia-noite, a explosão de fogos de artifício marcou a chegada do segundo milênio da imortalidade humana. Fride apertou um botão eletrônico que acendeu o pavio e a pira pegou fogo. Uma dor terrível, da qual ele tinha uma vaga lembrança de infância, desfigurou seu rosto. Ele lutou freneticamente para se libertar, e um grito desumano ressoou na alcova. Mas as correntes de ferro o seguravam com firmeza. Línguas de fogo se enrolaram em seu corpo, sibilando: «Tudo se repete!».[18]

Fride não quer apenas viver, mas sentir-se vivo de verdade. E, como diz Arendt, com razão, só se pode descobrir-se vivo de verdade na dor — de modo que parece que a experiência da dor extrema oferece uma fuga ao modo de existência anestesiado e mecanicista imposto aos homens do futuro pelos cuidados institucionais que os tornam saudáveis, imortais e eternamente entediados. No entanto, o ato de autoimolação segue um padrão cultural bem estabelecido e, portanto, não afasta Fride da prisão das repetições degressivas. A queima na fogueira foi, de fato, praticada durante um longo período da história — desde a queima de bruxas na Idade Média até a de Giordano Bruno. E, aqui, deve-se dizer que o próprio Bogdanov perdeu sua vida de uma maneira verdadeiramente egressiva — tentando curar uma vida mais jovem ao abrir mão de uma mais velha.

---

[18] Ibid., p. 226.

Índice

A
acéphale, p. 68
animal soberano, p. 63-71
Arendt, Hannah, pp. 115-9; 134
arte
  segundo Fiodorov, pp. 109-10
  de vanguarda, pp. 104-5
  relação próxima com o humanismo, pp. 108-9
  desprofissionalização da, p. 131
  humanos como interessados na proteção da arte e na proteção pela arte, pp. 108-9
  como produzida originalmente pela violência revolucionária, p. 107
  revelação do ser acontecendo por meio da, pp. 99-100
atividade cultural, saúde da plateia como força motora da, p. 91
audácia, celebração por Nietzsche da, p. 74
autoapresentação, escapando à necessidade da, p. 124
autoasserção, p. 95
autoconsciência, p. 54
autocuidado
  estar sujeito ao, pp. 17-8
  conflito com o cuidado, p. 130
  conflito com o cuidado público, p. 95
  como sistema de cuidado contraditório, p. 62
  criatividade como, pp. 121-2
  como efeito do cuidado institucional, p. 30
  como modo fundamental de ser do *Dasein*, p. 95
  como tendo de cuidar da distribuição de cuidados entre os corpos físico e simbólico, p. 18
  como cuidado precedente, pp. 11-2
  do autocuidado ao cuidado, pp. 31-7
  design de si mesmo como forma de, p. 122
  como trabalho de Sísifo, p. 19
autodestruição, pp. 64; 66; 71
autoimolação, p. 134
autointimização, como servindo principalmente ao objetivo da autoproteção, p. 120
autoproteção
  criatividade como, p. 121
  design de si como forma de, p. 122
  autointimização como servindo principalmente ao objetivo da, p. 120
autossentimento, p. 54

B
Badiou, Alain, pp. 27-8
Bataille, Georges, pp. 63-71; 75; 80
Bayreuther Festspiele (Wagner), p. 93
bem-estar, como prática curativa alternativa, p. 13-4
Benjamin, Walter, p. 133
Bogdanov, Alexander, p. 125-34
Bruno, Giordano, p. 134
budismo, acusado de desdém e desrespeito pelo corpo, pp. 77-8

C
Caillois, Roger, pp. 73-6; 80-3; 121; 126
Canguilhem, Georges, p. 40
ciência, ligação com o mundo principalmente por meio da, p. 53
clima, tomando a decisão certa sobre, p. 41
competição, pp. 29; 66; 81-3; 86; 89-90
A Condição Humana (Arendt), p. 115
conhecimento, julgado a partir da posição do não conhecimento, pp. 23; 77

consumo, ideologia do, p. 85
corpos. *ver* corpo humano; corpos físicos; corpos simbólicos
corpo humano
   analogia com a obra de arte, pp. 108-9
   tornando-se um *readymade*, pp. 113-4
   imortalidade como museu para corpos humanos vivos, p. 110
   libertação da exploração, pp. 111-2
   como mais bela das formas, no século XIX, pp. 108-9
   pacientes como cuidadores primários do, p. 12
   privacidade do corpo como forma primária da propriedade privada, p. 118
corpos físicos
   como plenamente socializados, burocratizados e politizados, p. 20
   exigência de permanecerem saudáveis como aplicável aos, p. 17
   não temos conhecimentos de nossos, pp. 13-5
   bem-estar físico, principal função dos estados modernos como cuidadores do, p. 9
corpos simbólicos
   como arquivos de documentos, imagens, vídeos, gravações de sons, livros e outros dados, pp. 14-7
   tentativa de mudar, p. 14
   começando cada vez mais a coincidir com os corpos físicos por meio da internet, pp. 119-20
   certidão de nascimento como origem de, p. 14
   coleta e preservação dos, pp. 48-9
   controle dos, p. 11
   como criados por antigos senhores, p. 80
   como documentados, historicamente objetificados e alma burocraticamente situada, p. 37
   como incapaz de experimentar dor, p. 121
   reavaliações dos, p. 16
   mídias sociais servindo como versões primárias dos, p. 120
   uso do termo, pp. 10-1
   o que é favorável para os corpos simbólicos pode arruinar o corpo físico, p. 17
cosmistas-imortalistas, p. 132
criatividade
   como aceitação da morte, p. 46
   celebração da, p. 85
   ideologia da, pp. 45; 47-8; 85-6; 120
   infecção como fonte da, pp. 70-1
   como autoproteção e autocuidado, pp. 121-2
   espetáculo da, pp. 86-7
   como sintoma de grande saúde, pp. 45-6
   criminoso, como herói principal da cultura moderna e contemporânea, p. 69
cristianismo
   como acusado de desdém e desrespeito pelo corpo, p. 77
   luz que parece ser verdadeira pode ser demoníaca no, p. 30
   missa como espetáculo, p. 83
   Nietzsche argumentando contra, p. 42
Crítica da faculdade de julgar (Kant), p. 107
cubismo, p. 105
cuidado
   segundo Heidegger, pp. 95-6
   cuidados com a arte, p. 106
   como ser do Dasein, pp. 95-102
   do cuidado ao autocuidado, pp. 22-30
   mudanças em nosso modo de, p. 104
   conflito com o autocuidado, p. 130
   indo além do modelo institucional do, p. 77
   só pessoas doentes como necessitadas de, p. 37

Filosofia do cuidado

cuidado revolucionário,
pp. 125-34
do autocuidado ao cuidado,
pp. 31-7
sociedade do trabalho
substituída pela sociedade do
cuidado, p. 113
cuidado com a arte, p. 106
cuidado institucional, conflito com
a autoafirmação agressiva, p. 51
cuidado público, conflito com o
autocuidado, p. 95
cuidado revolucionário, pp. 125-34
cuidadores
pessoas como, pp. 55-87
Sábio como, pp. 53-62
cultura grega
segundo Wagner, p. 92
trabalho de cuidado da, p. 115
narcisismo, p. 122
curador, uso do termo, p. 106

D
Dasein (estar-aí), p. 95-9; 101-3; 112-3; 117
Debord, Guy, p. 82
degressão, segundo Bogdanov, pp. 125-6
de l'Avernière, Sabarot, p. 112
Deleuze, Gilles, pp. 78-9
Descartes, René, pp. 29; 47
desejo(s)
desejos animais, p. 62
como dialéticos, p. 54
surgimento dos, p. 53
saúde como intensidade dos, p. 62
design, como substituto da religião, pp. 121-2
design de si mesmo, p. 122
dieta, como prática de saúde alternativa, p. 14
documentos, como definidores do status e do lugar na sociedade, pp. 14-5
dor, segundo Arendt, p. 134
Dostoiévsky, Fiodor, p. 70
Duchamp, Marcel, p. 106

E
Ecce Homo (Nietzsche), pp. 41; 49
economia geral, segundo Bataille, p. 65
egressão, segundo Bogdanov, p. 125
energia
trabalho criativo como produzido pelo excesso de, pp. 101-2
morte por excesso de, pp. 46-7
destrutiva, p. 70
saúde como significando, pp. 39; 42
população como fonte de energia renovável, pp. 19-20
excesso de, pp. 46; 64; 102; 121-2
energia vital, p. 50
desperdício de, p. 86
Engels, Friedrich, p. 116
Ensaio sobre a violência (Sorel), p. 129
espetáculo/espectador, pp. 29; 31-2; 35; 81-5; 87-9; 91-3; 119
esporte, como prática curativa alternativa, pp. 13-4
esqueleto
esqueleto externo, pp. 126-7; 129
esqueleto ideológico, p. 128
esqueleto societário/esqueleto social, pp. 128-9
como sistema de proteção, de cuidado, p. 130
esqueleto técnico, p. 127
estado biopolítico, paradoxo do, p. 37
estado moderno, como fazendo a vida e deixando morrer, p. 111
estado pastoral, objetivo do, p. 36
estado soberano, como fazendo morrer e deixando viver, p. 110
eu, como combinação dos corpos simbólicos e físicos, p. 17
exercícios, como prática de saúde alternativa, p. 14

F
Facebook, p. 119
faxineira, sob o olhar da, p. 103-14
Fenomenologia do Espírito (Hegel), pp. 48; 51; 54; 87

Índice

festivais/festividades, pp. 74-5; 81; 83; 93-4
filósofos
  segundo Kojève, p. 57-61
  governo do estado por, p. 57
  como permanecendo na entrada da caverna, p. 86-7
  filosofia, como preparação para a morte, p. 28-9
Fiodorov, Nikolai, p. 109
fora da lei, soberano como, p. 69
forças dionisíacas, p. 80
forças vitais, p. 62; 71; 81; 84-5
Foucault, Michel, p. 36; 110-3

G
Gaia Ciência (Nietzsche), p. 44
Gestell (esqueleto), p. 128
Gleizes, Albert, p. 105

H
Hegel, G. W. F., pp. 31-3; 48-9; 51; 53-4; 56-7; 59; 78; 87
Heidegger, Martin, pp. 95-102; 112; 128
história. *Ver também* história humana
  segundo Kojève, p. 53
  fim da, pp. 32-6; 56-8; 78-9
  Revolução Francesa como fim da, pp. 32-4; 78
  como história monumental segundo Nietzsche, p. 48
  caminhos da liberdade e da razão separados depois do fim da, p. 34-5
  lembrar da, como meio de repeti-la, p. 35
  como secundária à mudança geracional, p. 37
  como processo teleológico e guiado, pp. 31-2
história humana
  segundo Hegel, p. 31
  como história de negação movida pelo desejo por liberdade, pp. 34-5
  Sol não permitindo seu fim, p. 66
Hölderlin, pp. 98; 100

O Homem e o Sagrado (Caillois), p. 73
hospital, como paralelo com museu, p. 108
humanidade, dividida em nações, p. 92
humanismo, relacionamento próximo da arte com, pp. 107-8
Husserl, Edmund, p. 95

I
Igreja
  substituída pela comunidade científica como cuidadora universal, p. 30
  papel assumido pelo estado pós-histórico, p. 36
imortalidade
  segundo Fiodorov, p. 110
  como série de repetições, p. 47
  'Dia da Imortalidade' (Bogdanov), p. 132
infecção
  infecção cultural, p. 70-1
  como fonte da criatividade, pp. 70-1
  o infeccioso, como sinônimo do sagrado, pp. 73-6
Instagralm, pp. 10; 79
Instituto de Hematologia e Transfusão de Sangue, p. 131-2
Internet
  funcionamento da, p. 21
  perda de confiança na, p. 120
  usuários como não tendo escrúpulos de fazer uso de posts íntimos, p. 119
intimidade, nova identidade da, p. 119
Introdução à leitura de Hegel (Kojève), pp. 58-9
iôga, como prática curativa alternativa, p. 14

J
jogos, teoria dos, p. 81
jogos de azar, p. 82
Judd, Donald, p. 106
juventude, celebração da, p. 79

K
Kant, Immanuel, pp. 107-8; 123
Kojève, Alexandre, pp. 53-60; 63; 67; 84; 87; 114

L
Lênin, Vladimir, p. 131
liberdade
  segundo Hegel, pp. 31-2; 39
  como demoníaca, p. 31
  como dialética, p. 39
  essência da, p. 39
  como se manifestando na forma de negação, p. 31
  luta pela, segundo Nietzsche, p. 39
  se voltando de Deus para a, p. 30
  liberdade universal, pp. 33-4
Lunacharsky, Anatoly, p. 132

M
Malevich, Kazimir, p. 106
O manifesto do futurismo (Marinetti), p. 46
Marinetti, Filippo Tommaso, pp. 46-7
Marx, Karl, pp. 55-6; 59; 61; 92; 115; 116-8; 127; 129; 131
marxismo, p. 27
Mauss, Marcel, pp. 65-6; 74
medicina
  como campo de concorrência, pp. 12-3
  apresentando a si mesma como ciência, p. 13
  servindo a nosso desejo de autopreservação, p. 114
  assumindo o lugar da religião, p. 9
  tratando o paciente como cliente, p. 12
  sistema universal da, substituindo o cuidado das classes mais altas, p. 114
mestre, cuidado do corpo como mais alta legitimação política em uma sociedade feudal, p. 119
Metzinger, Jean, p. 105

mídias sociais
  igualando o público e o íntimo, p. 21
  ilustrando a nova identidade do íntimo e do público, p. 119
  servindo como versões primárias dos corpos simbólicos, p. 120
migração, nosso mundo dominado pela, p. 112
mimetismo, segundo Caillois, p. 121
morte
  como mestre absoluta do estado moderno, secular, pós-revolucionário, p. 36
  segundo Bataille, pp. 68-9
  criatividade como aceitação da, pp. 45-6
  morte dionisíaca, p. 46
  limites da, que devem ser superados pelo estado, p. 110
  como manifestação do excesso de fluxo energético, p. 46
  como manifestação mais radical da exaustão, falta de energia e fraqueza, pp. 46-7
  como único meio pelo qual o indivíduo pode demonstrar a rejeição do capricho e da moda, p. 91
  filosofia como preparação para a, p. 29
  como espetáculo para os vivos, p. 91
movimento biocosmista, p. 132
museu
  hospital como paralelo com, pp. 107-8
  como substituto do palácio, p. 114
  responsabilidades do, p. 110
  espaço segundo Foucault, p. 111
unificação do espaço da vida e do espaço do museu, p. 111

N
Napoleão, p. 57
narcisismo, p. 122
O nascimento da clínica (Foucault), p. 112

natalidade, segundo Arendt, p. 117
negação
   ato de, segundo Descartes, p. 47
   liberdade manifestada como, p. 31
   história da humanidade como história da negação movida pelo desejo de liberdade, pp. 34-5
   trabalho do progresso como trabalho de negação, p. 78
   soberania negativa, p. 67
Nietzsche, Friedrich, pp. 57-8; 64; 74; 78-9; 87; 92-4; 101; 121
nutrição, tomando a decisão certa quanto à, pp. 41-2

O

objetificação, de humanos, pp. 107-8
obra de arte
   analogia do corpo humano com, pp. 109-10
   cuidados com a, p. 104
   Revolução Francesa transformando coisas que antes eram usadas pela Igreja e pela aristocracia como meras ferramentas em, p. 106
   como lugar de conflito entre o mundo e a Terra, p. 101
   preservação da, pp. 101-2
A obra de arte do futuro (Wagner), p. 89
obra de arte universal (*Gesamtkunstwerk*), p. 90
ocupação, trabalho e, pp. 115-24
A origem da obra de arte (Heidegger), p. 99

P

pacientes, como cuidadores primários de seus corpos, pp. 11-2
Partido Bolchevique, pp. 130-1
Partido Comunista, pp. 130-1
Partido Social-Democrata dos Trabalhadores (Rússia), pp. 130-1
pintura, segundo Gleizes e Metzinger, p. 105

plasticidade, p. 126
Platão, pp. 23; 25-31; 37; 53; 55
platonismo, p. 78
Plessner, Helmuth, p. 17
poder de trabalho (*Arbeitskraft*), p. 116
poder pessoal (populismo), segundo Kojève, p. 58
Politeia (*A República*) (Platão), p. 26
potlatch, pp. 66-7
povo
   relação com o espetáculo, p. 89
   quem é o povo?, pp. 89-94
práticas alternativas de cura, no estado do corpo de alguém, pp. 13-4
preferências públicas, lógica e dinâmica das, p. 84
presente, p. 65
O Presente (Mauss), p. 64
privacidade, perda da, pp. 118-9
produtividade, humanos como possuindo, pp. 115-6
o profano
   fronteira com o sagrado, p. 83
   comparado com o sagrado, p. 73
   trabalho profano, p. 74
Proletkult, p. 131
público
   nova identidade do, p. 119
   como supremo cuidador, p. 87

Q

Quadrado negro (Malevich), pp. 105-6

R

razão, como coincidindo com a autopreservação, p. 35
religião
   medicina como assumindo o lugar da, p. 9
   substituída pelo design, p. 122
remédios, propaganda de, p. 14
O Reno (Hölderlin), p. 98
Revolução Francesa
   como fim da história, pp. 33-5; 78
   como introdutora de ferramentas

Filosofia do cuidado

desfuncionalizadas compreendidas como obras de arte e cuidadas por curadores, p. 107

secularismo da, como abolidor da contemplação de Deus como objetivo maior da vida, pp. 106-7

como autorrevelador definitivo da subjetividade diante do terror da, p. 32

S

sábio, como cuidador, pp. 53-62; 116

o sagrado
  como audacioso e criativo, p. 74
  fronteira com o profano, p. 83
  como sinônimo do infeccioso, pp. 73-6

saúde
  segundo Nietzsche, p. 39-46
  como noção ambivalente, p. 61
  boa saúde, pp. 39-51; 64; 70; 79; 80; 82; 87
  como intensidade de desejo, p. 62
  investimento em, p. 18
  como energia, pp. 39; 42; 50
  como não dialética, p. 39
  busca por metaposição como intimamente conectada com a busca por melhor saúde, p. 77
  busca por saúde verdadeira, p. 81
  como autoafirmativa, p. 39

O ser e o tempo (Heidegger), p. 95

sistema de cuidado
  todos os corpos como íntimos e políticos ao mesmo tempo em, p. 119
  objetivo do, p. 61
  deixando de ser dependente de, p. 77
  autocuidado como algo contraditório, p. 62
  como subjetificador, p. 11
  como supressor de fluxos universais de energias vitais, p. 37
  como transcendendo o sistema de trabalho, p. 114

Sleep (filme), p. 120

soberania, segundo Bataille, pp. 67-8

soberania comunista, p. 67

sociedade do cuidado, sociedade do trabalho substituída por, pp. 113-4

sociedade pós-histórica, como sociedade de proteção total, de cuidado total, p. 36

Sócrates, pp. 23-6; 29-31; 49; 56; 82

Sofistas, p. 23-5; 29; 56; 82

Sorel, Georges, p. 129-30

Sorge (cuidado), p. 95-6

Stálin, Joseph, p. 67

T

tai chi, como prática curativa alternativa, p. 14

tarefa comum, pp. 108-9

tecnologia, segundo Heidegger, pp. 97-8; 127-8

Teeteto (Platão), p. 49

Tektologia (Bogdanov), p. 125

teoria dos jogos, p. 81

trabalho. *Ver também* trabalho de cuidado
  sistema de cuidado como transcendendo o sistema de trabalho, p. 114
  trabalho criativo, p. 78; 102
  e ocupação, pp. 115-24
  como produtor de nova tecnologia e transformador do mundo, p. 79
  trabalho profano, p. 74
  protesto contra o domínio do, pp. 63-4
  autocuidado como trabalho de Sísifo, p. 19
  sociedade do trabalho como substituída pela sociedade do cuidado, p. 113

trabalho criativo, pp. 77-8

trabalho de cuidado
  segundo Arendt, p. 115
  na cultura grega, p. 115
  como modo de trabalho mais difundido, p. 9

transfusões e sangue, segundo
  Bogdanov, p. 131
troca simbólica, p. 65
Trótski, Leon, p. 132

U
überforças, p. 68
Übermensch, pp. 50-1; 79-80
übersaúde, p. 51
übersobrevivência, p. 51

V
Van Gogh, Vincent, pp. 100-1; 103
vanguarda, arte da, pp. 104-5
verdade
  contemplação da verdade como
    substituída pela mobilização
    para o trabalho criativo, p. 78
  cuidado filosófico da, pp. 28-9
  busca pela verdade substituída
    pelo desejo de se tornar
    saudável, p. 39
vida
  como experiência interior, p. 46
  como operando por meio de
    afirmações e repetições, p. 47
  como se revelando por meio da
    dor, p. 117
vida pós-morte material, comparada
  à vida pós-morte espiritual, p. 10
vita contemplativa, como alternativa à
  vita activa, p. 45
Volk (povo), pp. 89-90; 92-3; 101-2
vontade de poder
  como motor perpétuo do
    progresso, p. 78
  como palco da revolta dos
    senhores contra o domínio da
    mentalidade e da moralidade do
    escravo, p. 80

W
Wagner, Richard, pp. 89-94; 101
wagnerianismo, p. 92
Warhol, Andy, pp. 119-20

Z
Zaratustra (Nietzsche), pp. 44; 49-50

Trotzdem

1. *Estrangeiros residentes*, Donatella Di Cesare
2. *Contra o mundo moderno*, Mark Sedgwick
3. *As novas faces do fascismo*, Enzo Traverso
4. *Cultura de direita*, Furio Jesi
5. *Punir*, Didier Fassin
6. *Teoria da classe inadequada*, Raffaele Alberto Ventura
7. *Classe*, Andrea Cavalletti
8. *Bruxas*, Mona Chollet
9. *Escola de aprendizes*, Marina Garcés
10. *Campos magnéticos*, Manuel Borja-Villel
11. *Filosofia do cuidado*, Boris Groys

Dados Internacionais de Catalogação na Publicação (CIP)
(Câmara Brasileira do Livro, SP, Brasil)

Groys, Boris
 Filosofia do cuidado / Boris Groys ; tradução Rogério Galindo. -- Belo Horizonte, MG : Editora Âyiné, 2023.

 Título original: Philosophy of care
 ISBN 978-65-5998-113-7

 1. Cuidado - Filosofia 2. Ética 3. Marxismo 4. Saúde - Aspectos sociais I. Título.

23-158726 CDD-177.7

Índices para catálogo sistemático:
1. Cuidado : Ética 177.7
Eliane de Freitas Leite - Bibliotecária - CRB 8/8415

Composto em Patos,
fonte de Federico Paviani.
Belo Horizonte, 2023.